Food coordinate
식공간 디자인

송원경 · 이정미 · 허정 공저

일진사

PREFACE [머리말]

이 시대 최대의 문화 트렌드는 식문화라 할 수 있다. 급속한 교통·통신의 발달로 세계는 더욱 가까워져 기술과 품질 또한 평준화되어가고 있다. 이로 인해 디자인이 강조되는 시대가 열렸으며 식생활 역시 디자인을 중시하는 흐름을 타고 있다. 음식을 먹는 공간인 식공간 역시 예외가 아니다.

이러한 시대적 흐름 하에 미각과 후각만 충족시키는 요리는 더 이상 경쟁력을 가지기 힘들게 되었다. 따라서 시각적인 요소를 음식에 접목시키는 '푸드 디자인' 분야와 확대된 영역인 '식공간 디자인' 분야가 중요하게 자리매김하게 되었다.

이 책은 식공간 디자인(푸드 코디네이트) 교과목을 위한 교재로, 저자들의 강의 경력과 외식에서의 실무 경력을 통해 이론을 제시하였으며, 조리학과와 식품영양학과 학생들의 교재로 활용되기에 적합한 목차로 구성하였다. 테이블 코디네이트, 푸드 스타일링, 파티, 와인 등으로 세분화되어 관련 교재가 출판되어 있지만 이 책은 전체적으로 통합하여 음식을 다루는 직업인으로서 기본적으로 알아야 할 식공간 디자인 영역에 대한 내용을 구성한 것이다.

오감으로 먹고 감성을 자극하여 감동을 줄 수 있는 매체로 푸드 디자인 분야가 넓어지고 있으며, 맛은 기본이고 그릇에 멋스럽게 담아 내는 것이나 식사 분위기 연출이 중요하게 되었다. 그러므로 오늘날의 식공간은 점차 문화와 휴식까지도 포함하는 다기능의 공간으로 변화하고 있다.

식공간 디자인은 그 자체가 상품이며, 시각을 자극하여 음식의 상품 가치를 더욱 높일 수 있을 것이다. 기본 조리 능력을 갖추고 새로움에 대한 관심을 가짐으로써 폭넓은 업무 능력을 지닌 푸드 엔터테이너로 거듭나기를 바란다.

의욕과 열정이 앞서다 보니 부족한 부분이 눈에 띄겠지만 독자 여러분의 너그러운 이해를 바라며 아낌없는 격려와 조언을 기대해 본다.

식공간 디자인의 학문적인 토대를 만들어 주신 식공간 연구회 선배님들과 교수님들께 감사하는 마음을 전하고, 늘 배려를 아끼지 않으시는 일진사 사장님과 임직원 여러분에게도 깊이 감사드린다.

저자 일동

CONTENTS

part 1 식공간 디자인

01 식공간 디자인의 이해 ····· 10
  (1) 식공간 개념 ····· 10
  (2) 식공간의 기본 구성 요소 ····· 12
  (3) 식공간과 디자인 ····· 14
  (4) 식공간 연출 인접 학문 ····· 17
  (5) 새로운 직업 영역의 창출 ····· 18

02 색 채 ····· 21
  (1) 색채의 이해 ····· 21
  (2) 배 색 ····· 24
  (3) 감성과 색채 ····· 31
  (4) 식공간과 색채 ····· 35
  (5) 음식과 색채 ····· 37

03 식공간 디자인 프로세스 ····· 43
  (1) 식공간 연출의 인식(indentity) ····· 43
  (2) 식공간 연출의 이미지 ····· 46

part 2 테이블 스타일링

01 테이블 코디네이트의 이해 ····· 50
02 테이블의 기본 요소 ····· 52
  (1) 디너웨어(dinnerware) ····· 53
  (2) 커틀러리(cutlery) ····· 54
  (3) 린넨(linen) ····· 55
  (4) 글라스웨어(glassware) ····· 58

(5) 센터피스(centerpiece) ································ 60

03 테이블 세팅································ 62
　　(1) 포멀(formal) 테이블 세팅 ···················· 62
　　(2) 인포멀(informal) 테이블 세팅 ·············· 63

04 동서양의 식문화와 상차림 ················ 65
　　(1) 한 국 ································ 65
　　(2) 중 국 ································ 69
　　(3) 일 본 ································ 74
　　(4) 서 양 ································ 79

05 테이블 코디테이트와 스타일 ·············· 84
　　(1) 클래식(classic) ································ 85
　　(2) 엘레강스(elegance) ································ 86
　　(3) 캐주얼(casual) ································ 87
　　(4) 모던(modern) ································ 88
　　(5) 에스닉(esthnic) ································ 89
　　(6) 젠(zen) ································ 90
　　(7) 내추럴(natural) ································ 91
　　(8) 심플(simple) ································ 92

06 테이블과 플라워 ································ 93
　　(1) 센터피스(centerpiece)의 역할 ············ 93
　　(2) 테이블 플라워 디자인의 특성 ·············· 95
　　(3) 테이블 플라워 디자인에 필요한 꽃의 선택 ··· 96
　　(4) 꽃의 형태 ································ 97
　　(5) 플라워 & 테이블 디자인 ···················· 98

part 3　푸드 스타일링의 이해

01 푸드 스타일링의 이해 ································ 104

Food coordinate

(1) 푸드 스타일링의 개념 ……………………………………… 104
   (2) 푸드 스타일리스트의 영역 …………………………………… 104
   (3) 음식의 시각적 이미지 ……………………………………… 114

02 음식과 조형 ……………………………………………… 118
   (1) 디자인의 구성 요소 ………………………………………… 119
   (2) 디자인의 원리 ……………………………………………… 123

03 푸드 스타일링의 구조 ………………………………………… 127
   (1) 구도의 정의 ………………………………………………… 127
   (2) 구도의 종류 ………………………………………………… 128

04 음식 연출 기법 ……………………………………………… 131
   (1) 사진 촬영의 이해 …………………………………………… 131
   (2) 촬영용 푸드 스타일링 ……………………………………… 138
   (3) 푸드 스타일링의 분류 ……………………………………… 140

05 접시별 스타일링 ……………………………………………… 143
   (1) 접시의 개념과 기원 ………………………………………… 143
   (2) 접시의 구성 ………………………………………………… 144
   (3) 접시의 분류 ………………………………………………… 145
   (4) 접시의 형태 ………………………………………………… 148

part 4 파티 스타일링

01 파티의 이해 …………………………………………………… 154
02 파티의 종류 …………………………………………………… 158
   (1) 칵테일 파티 ………………………………………………… 160
   (2) 와인 파티 …………………………………………………… 162
   (3) 티 파티 ……………………………………………………… 173
   (4) 기타 파티 …………………………………………………… 175

03 파티와 이벤트 ··· 182
   (1) 이벤트의 의미 ··· 182
   (2) 계절 · 사회적 기념일 ································ 183
   (3) 이벤트를 위한 테이블 데커레이션 테크닉 ······ 185
   (4) 핑거푸드(finger food) ······························ 186
   (5) 파티 케이터링(party catering) ·················· 188

part 5 테이블과 매너

01 테이블과 매너 ··· 200
   (1) 테이블 매너 ·· 200
   (2) 요리 코스에 따른 매너 ····························· 204

part 6 식공간 디자인의 실제

01 요리대회 스타일링 ·································· 212
   (1) 아스틱 코팅의 전문적인 기술 ···················· 212
   (2) 요리대회를 위한 코팅 처리 기술 ················ 216
   (3) 프리젠테이션을 위한 뷔페플레이트 배치 레이아웃 ······ 217

02 도자상차림 ·· 220
   (1) 도자상차림의 이해 ··································· 220
   (2) 도자상차림에서의 도자기 ························· 221
   (3) 도자상차림의 실제 ·································· 225
   (4) 공모전 및 전시상차림 ····························· 232

03 포트폴리오(portfolio) ····························· 234
   (1) 포트폴리오의 개념 ·································· 234
   (2) 포트폴리오에 포함될 내용과 구성 ·············· 236
   (3) 포트폴리오의 제작 ·································· 238

PART 01

식공간 디자인

Food coordinate

01 식공간 디자인의 이해

(1) 식공간의 개념

●● 식공간

  식공간(食空間)이란 글자 그대로 '음식을 먹는 공간'을 말한다. 이러한 식공간의 개념은 테이블이나 식당 등 어느 한정된 공간에 국한되는 것이 아니라 보다 다양하고 광범위한 의미를 지닌다. 즉 식(食)이라는 행위가 이루어질 수 있는 모든 공간 전체가 식공간이 될 수 있는 것이다. 테이블이 있는 실내 공간의 식당뿐 아니라 포장마차, 야외 카페는 물론 공원이나 들판 등도 때로는 식공간에 포함될 수 있다.

  그러므로 어떠한 환경이나 여건, 장소 등에서도 식공간으로서의 변환이나 공간 창출이 가능하다는 것이다. 앞으로 '식의 적용범위'가 확대되면 될수록 식공간의 개념과 영역도 넓어질 것이다.

●● 식공간의 기능

  식공간은 기본적인 먹는 행위가 이루어지는 공간의

개념 이외에 휴식의 장소가 되기도 한다.

　과학의 발달과 무역을 통해 소득의 증대로 인해 개개인의 개성이 중시되고 있는 현대생활에 있어서 식공간은 물리적인 영양 공급이나 생리적인 욕구 충족 이외의 목적을 달성하기 위한 공간의 개념을 뛰어넘어 자신만의 개성 연출, 휴식 그리고 가족, 단체를 시작으로 친구나 다양한 그룹의 친목을 도모하고, 특히 사교, 정치, 외교 등의 커뮤니케이션을 위한 공간으로서 사회적인 욕구 충족의 기능과 테이블 스타일링을 통한 자아실현과 성취감을 이룰 수 있는 기능 등 식공간의 기능이 다양화되고 있다.

●● 식공간 연출가

　이러한 일을 하는 사람을 식공간 연출가 또는 푸드 코디네이터라고 한다.

　푸드 코디네이터는 식공간의 음식을 통해 스트레스를 발산하고 기분을 전환시키며, 사람과의 유대관계를 돈독히 해 주는 기능을 염두에 두어야 하며, 먹는 사람에 대한 배려를 잊지 말아야 하며, 음식과 공간을 통해 상대방에게 즐거움과 베푸는 마음을 전할 수 있는 기능도 생각해야 한다.

　테이블 웨어의 지식과 연출법, 식사 매너, 서비스 매너 등의 전체적인 기획, 제작자의 영역으로 볼 수 있다. 전문 지식, 표현, 기술 및 예술적 감성을 지닌 소비자의 입장에서 식(食)을 주제로 하여 사람, 물건, 일 및 정보를 총괄해야 한다.

　즉 푸드 코디네이터란 다양한 방면으로 폭넓은 지식을 갖고, 함께 일하는 사람들과의 조화를 이루어 현장에서의 일이 잘 이루어질 수 있도록 진행하고, 더 나아가 소비자가 요구하는 기대에 부흥하여 음식 문화의 새로운 길을 향상시키는 중요한 역할이라 할 수 있다.

●● 푸드 코디네이트의 기본 개념

　푸드 코디네이터는 음식에 관련된 전반적인 일을 의미하며, 보다 나은 식공간 창출을 위해 활동하는 직업을 총칭하여 말한다. 사람이 쾌적한 공간 속에서 마음의 편안함을 느낄 수 있도록 안내해 주는 사람이라고 할 수 있다. 이를 '식(食)의 어메니티(amenity) 창조'라고 말할 수 있으며, 또한 자기의 감수성만을 고집하는 것이 아니고 현장과 조화를 이루어 작업해 나가야 한다.

　따라서 푸드 코디네이터는 음식 또는 식공간과 관련된 '쾌적성(amenity)'과 '친절한 접대(hospitality)', 창조를 기본 목적으로 일하며, 음식을 통해 스트레스를 발산하고 기분을 전환시키며 사람들과의 유대관계를 돈독히 해주는 일을 한다. 또한 'hospitality'는 인간이 갖고 있는 친절함을 다른 사람에게 전달하는 것으로 음식과 공간을 통해 상대방에게 즐거움을 베푸는 것이다.

(2) 식공간의 기본 구성 요소

　식사하는 행위를 위한 공간과 배고픔을 해결하는 생리적 욕구의 사이클을 지닌 식사시간, 또한 그 모든 것의 주체가 되는 인간이 삶을 영위하는 곳을 식공간이라고 한다.

식공간에 있어서 가장 기본적으로 생각해야 할 사항이 사람과 T.P.O.이다. 사람을 중심으로 하는 시간, 장소, 목적이라는 기본 개념 아래에서 항상 생각해야 한다.

식공간을 구성하는 인간, 공간, 시간이라는 개념에서 보면 식탁에 앉게 되는 사람들의 성별, 연령대, 계절, 시간에 따라 식공간의 구성이 다르므로 식탁에 앉게 되는 사람의 정보가 필요하다.

즉 성별에 따라 선호하는 스타일과 컬러가 다르며, 연령에 따라 다르다. 젊은 사람들의 경우 밝고 캐주얼하고 자유스러운 분위기를 좋아하는 반면, 나이가 많은 경우에는 차분하면서 편안하고 안정된 분위기를 선호하고 있다.

계절별로는 봄, 여름, 가을, 겨울의 사계절에 따라 식공간 디자인의 컬러가 달라지며, 분위기 연출의 소재가 달라진다.

시간적으로는 하루 중 아침, 점심, 저녁 중에 언제 이루어지는 모임이냐에 따라 식공간의 성격이 결정된다. 아침식사인 경우에는 간단한 음식과 단순한 플라워 장식, 부드러운 느낌의 컬러를 사용하여 연출하며, 점심식사인 경우에는 너무 긴장되지 않은 상차림, 저녁의 경우에는 음식이 중심이 되는 격식 있는 모임의 상차림으로 연출한다.

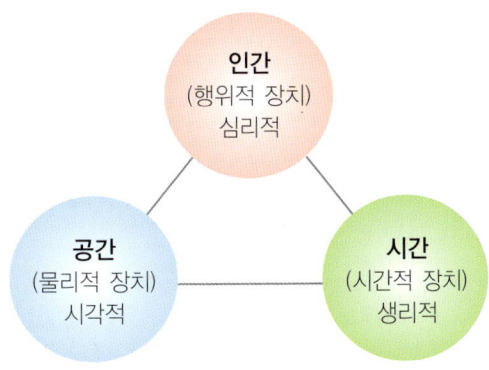

식공간의 기본 구성요소

(3) 식공간과 디자인

●● 음식 분야의 디자인

　디자인(design)이란 라틴어 데지그나레(designare)에서 발생한 것으로 일정 의도하의 것을 정리하여 계획하는 프로세스라는 뜻이며, 인간이 느끼는 아이디어를 조형적 방법에 의하여 시각적으로 가시화하는 과정이다.

　즉 디자인이란 용어는 머리 속에서 이루어지는 계획 또는 구상하는 것, 계획을 목적에 연결시키는 과정 또는 계획의 지시 및 제시를 나타내는 의미 등으로 사용된다. 아름다움을 창조적인 이미지로 표현하는 것은 예술 활동과 같지만 상품성이라는 중요한 목적이 있으므로 디자인 작품은 기능적인 면(function)과 미적인 면(beauty)을 동시에 만족시킬 수 있어야 한다.

　음식 분야에 있어서 디자인이란 음식의 영양과 맛의 기능적인 면과 시각적인 면을 동시에 만족시켜 상품화하는 것이다. 여기에 다른 상품과 차별화되는 독창적인 예술성이 있다면 좋은 식공간 연출 디자인이라 할 수 있다.

●● 식공간의 디자인 요소

　식공간을 연출하기 위해서는 디자인 요소와 원리에 대한 지식이 있어야 한다. 개인차가 있지만 본인의 스타일에 따라 식공간의 연출이 결정되기 때문이다.

　연출 디자인의 기본 원리를 습득하고, 새로운 매체나 다양한 예술 부분에서 영감을 받아 자신만의 스타일 연출이 필요한 것이다.

　좋은 식공간 연출이란 일정한 형식이나 공식이 없지만 스케일이나 비례, 리듬, 균형, 조화, 강조 등의 조형 원리를 적절하게 활용하여 식공간 연출과 환경, 식공간을 이용하는 사람들의 편리성을 돕고, 감성을 풍부하게 만들어 주는 것이 바람직하다.

　디자인 요소는 선(line), 형태(from or mass), 문양(pattern), 질감(texture), 공간(space), 색채(color)로 이루어진다.

*연출 디자인의 개념

식공간의 연출 디자인이란 재료, 패턴과 컬러를 기능성, 실용성, 예술성을 고려하여 식탁 위에 옮겨놓기 위한 최소한의 연출 기획을 말한다.

*연출 디자인의 조건

- 기능성 : T.P.O의 구성으로 디자인의 심미성, 유행성 및 트렌드 경향과 함께 연출되어질 식탁 구성의 목적에 적합한 기능적·미적 요구의 결과에 만족되어야 하는 것이다.
- 독창성 : 목적에 적합하고 창조적 디자인이 될 수 있는가의 여부를 가르키는 일이다.
- 심미성 : 다양한 색상의 소재와 스타일링을 이용해 보다 개성적이고 아름다운 식공간 계획과 프레젠테이션을 할 수 있어야 한다.

디자인의 궁극적인 목표는 모든 테이블 세팅 제품에 있어서 예술적 가치와 디

자이너의 심미적 표현이 같은 맥락에서 이루어지게 하는 것이다.

*푸드 코디네이트의 기본 이론

푸드 코디네이트를 기획하는 데는 삼간(三間)으로 인간, 시간, 공간을 기본으로 생각해야 하며, 구체적인 기획 방법은 6W1H(Who, With Whom, Why, When, Where, What, How) 로 조직되어 있다.

- 누가(Who) 먹을 것인가?

먹는 사람의 연령층이나 개인의 생리상태 등에 따라 음식의 기호가 다르고, 식공간의 기획도 달라진다. 누가 먹을 것인가를 명확하게 인지하고 있다는 것은 아주 중요하다. 중장년층은 시선을 낮게 하고, 젊은층은 캐주얼한 취향을 살릴 수 있도록 기획해야 한다.

- 누구와(With Whom) 먹을 것인가?

인간관계에 따라 앉는 위치가 정해진다. 특히 외국에서 손님을 초대한 경우에는 프로토콜(국제사교의전)에 따라 상좌, 하좌 등을 결정할 필요가 있다.

- 왜(Why) 먹는가?

식생활의 쾌적함에 대한 사항으로 기본적인 생명유지를 위한 영양적 동기, 몸의 리듬을 조절하여 질병을 예방하고 건강을 증진시키기 위한 생리적 동기, 맛있게 먹기 위한 기호적 동기, 음식을 매개체로 하여 다른 사람과 원만한 커뮤니케이션을 진행해 나가는 문화적 동기 등이 있다.

- 언제(When) 먹을 것인가?

식사 시간대에 따라 음식이 다르고, 식사 소요시간도 다른 점을 감안해야 한다. 푸드 비즈니스에서는 시간과 고객을 중심으로 하여 메뉴 구성을 하는 것이 좋다.

- 어디에서(Where) 먹을 것인가?

먹는 장소에 따라 장치나 장식이 달라진다. 독립된 다이닝룸, 다이닝리빙, 다이닝키친, 카운터, 객실, 정원, 야외 등 장소에 따라 분위기나 조명 등이 달라지며, 식공간의 컬러나 장식 소재, 테이블의 형태나 사이즈가 달라진다.

• 무엇을(What) 먹을 것인가?

무엇을 먹을 것인가라는 것은 기호성의 문제에 따른 메뉴를 선택하는 것이며 영양적인 측면까지 고려해야 한다. 건강과 맛을 동시에 충족시킬 수 있는 메뉴에 대한 관심이 가장 크다고 볼 수 있으므로 무시할 수 없는 요소이다.

• 어떻게(How) 먹을 것인가?

메뉴의 조리법이나 식사의 진행 양식은 어떻게 먹을 것인가의 구체적인 표현법, 즉 식문화를 말한다. 차분한 분위기에서 담소를 나눌 경우에는 앉아서 먹을 수 있도록 하고, 대인원이 즐기고 싶은 경우라면 입식이 가능한 뷔페식 등 먹는 요리에 따라서 도구나 서비스가 달라지고 착석인가, 입석인가에 따라서 테이블의 분위기와 배치를 달리한다.

(4) 식공간 연출 인접 학문

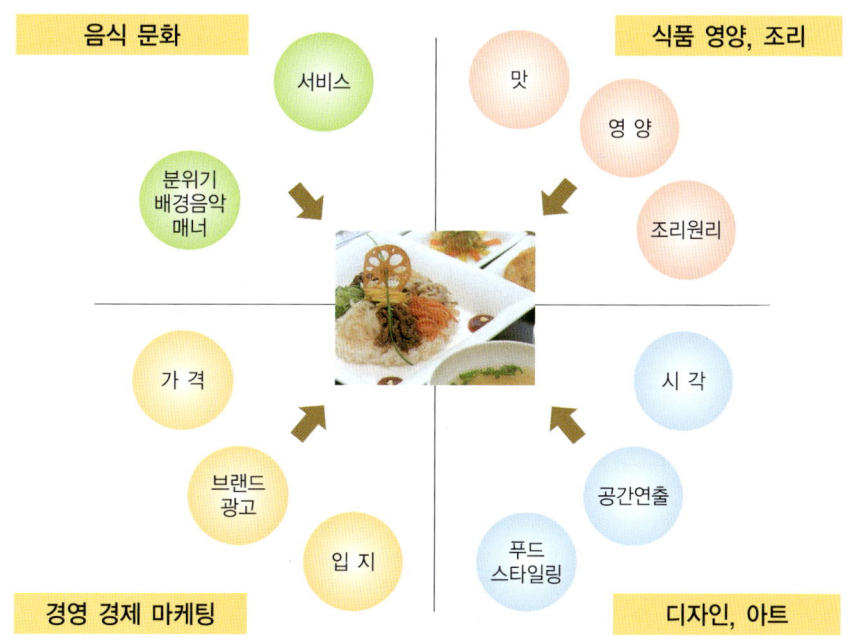

식공간 연출가(푸드 코디네이터)가 되기 위해서는 네 가지 영역의 학문을 습득해야 한다.

첫째는 음식의 문화에 대한 이해이다. 음식 식생활은 한 나라의 풍습을 대표하는 문화이므로 그 나라의 음식 문화에 대한 이해를 필수로 하고 있다.
둘째는 식품영양학과 조리에 관한 학문 영역이다. 음식에 대한 기초적인 이해가 없다면 푸드 코디네이션을 정확히 이해하기가 어렵다. 우선, 음식에 대한 기초적인 지식을 쌓은 후에 파생되는 여러 가지 영역에 대한 학문을 습득하는 것이 좋다.
셋째는 경영, 경제 마케팅에 대한 이해를 필요로 한다. 음식을 상품화하여 소비자에게 판매되기까지의 과정을 총괄적으로 지휘하는 역할이 푸드 코디네이터이므로, 결국 어떻게 음식을 상품화하고 가격을 정하고 홍보·마케팅을 하여 소비자들이 사도록 하느냐에 대한 학문을 필수적으로 이해해야 한다.
넷째는 디자인, 아트에 관한 학문이 필요하다. 음식에 대한 미적인 부분이 부각되면서 이제는 음식을 먹기 전에 음식을 보는 기회가 더욱 많아지고 있다. 특히, 매스미디어가 발달하면서 음식 전문 잡지, 음식 관련 텔레비전 프로그램, 인터넷 등 음식을 먼저 보고 나서 선택하고 구매하는 경우가 많아지고 있다. 이에, 푸드 코디네이터는 기본적으로 디자인이나 아트에 관련된 자질을 가지고 있지 않으면 안 된다.

(5) 새로운 직업 영역의 창출

●● 음식 사진 연출과 푸드 스타일리스트

음식의 콘셉트에 맞는 그릇에 맛깔스럽고 먹음직스럽게 보이도록 음식을 담고 배치하는 푸드 스타일링과 사진 연출을 담당하는 직업이다.

●● 식공간 연출과 테이블 데커레이션

음식의 이미지를 좌우하는 식공간과 테이블을 음식과 조화가 되도록 데코레이션하는 직업이다.

●● 파티플래닝과 푸드 코디네이터

파티 콘셉트에 어울리는 식공간을 총체적으로 구상하고 실행하는 사람, 즉 파티의 기획에서부터 음식과 공간 연출까지 전반적인 것을 진행하는 일을 하는 직업이다.

●● 미디어와 푸드 코디네이터

매체가 다양해지고 점차 매체를 통한 커뮤니케이션이 발달함에 따라 음식을 먹기 전에 보여지는 기회가 많아지고 있다. 이에, 각 미디어별로 음식을 연출하는 직업군이 생겨나고 있다. 식품 광고, 텔레비전 홈쇼핑, 영화, 잡지의 음식 사진이나 음식 영상뿐 아니라 라디오나 텔레비전의 음식 관련 프로그램 진행, 잡지나 신문에 음식 관련 칼럼, 레시피, 조리 방법 등을 전문적으로 쓰는 푸드라이터까지 그 영역이 점차 다양해지고 있다.

●● 레스토랑 컨설턴트

레스토랑 콘셉트에서부터 입지, 타깃(target), 메뉴뿐만 아니라 브랜드 아이덴티티(brand identity), 인테리어 홍보, 마케팅까지 레스토랑 전반에 걸친 컨설팅을 하는 직업이다. 푸드 코디네이터의 다방면에 걸친 영역이 종합적으로 필요한 직종이다.

●● 음식의 상품 개발

새로운 메뉴 개발에서부터 다양한 식재료의 상품화나 브랜드, 포장, 마케팅까지 소비자가 원하는 음식을 상품으로 만들어내는 직종이다.

●● 서비스 개발

병원이나 호텔, 관광산업, 실버산업 등이 발달하면서 특별한 사람을 대상으로 한 음식을 상품화할 기회가 늘어나고 있다. 이에, 타깃의 특성에 맞는 메뉴나 서비스를 개발하는 직종이다.

●● 그 밖의 활동

와인 소믈리에, 커피 바리스타, 플로리스트, 음식 매장 디스플레이, 음식에 관련된 모든 영역의 직종들을 푸드 코디네이터의 직종으로 볼 수 있다.

Food coordinate

02 색 채

(1) 색채의 이해

색이란 빛이 물체에 비추어 반사, 분해, 투과, 굴절, 흡수될 때 망막과 시신경을 자극함으로써 감각된 현상으로 나타나는 것이다.

빛과 색은 궁극적으로는 같은 것으로, 색이란 단지 물체에 의해 반사된 빛이 우리의 시각을 통해 평가되는 것이다. 그러나 어떤 개인이 빛과 색에 대해 어떠한 반응을 나타낼지는 본인 이외의 다른 사람이 예측하기란 매우 어렵다.

그러므로 푸드 스타일링을 할 때, 모든 사람에게 만족을 주기 위해서는 색에 대한 이해가 필요하다. 색채의 의미를 이해한다는 것은 푸드 스타일리스트가 자신을 표현하거나 자신의 작업을 이해시키기 위한 전제 조건이라 할 수 있다.

음식의 맛은 미각, 후각, 시각, 청각, 촉각에서 느낀 여러 가지 인상과 개인의 경험이나 기호가 복합적으로

경험되어 인식된다. 특히 맛을 결정하는 영향 중 시각을 통해 인지하는 색은 오감 (五感)에 의해 들어오는 정보 중 시각에 의한 것이 87%일 정도로 빛과 색에 대한 반응은 결정적이다. 실제 맛을 지각하기 전에 맛에 대한 이미지를 연상시킴으로써 색은 식품 선택에 있어서 결정적 영향을 준다.

색을 구분하고 지각하는 요인은 세 가지로 나누어진다. 빨강 또는 노랑으로 구분하는 요인을 색상이라 하고, 밝은 색, 어두운 색으로 구분하는 것을 명도라 한다. 그리고 맑은 색, 탁한 색으로 구분하는 것을 채도라고 한다. 이처럼 색상, 명도, 채도를 색의 3속성이라고 한다.

●● 10색상환

10가지 색상환은 먼셀 색체계를 기본으로 하는데 빨강(red), 주황(yellow red), 노랑(yellow), 연두(green yellow), 녹색(green), 청록(blue green), 파랑(blue), 남색(purple blue), 보라(purple), 자주(red purple) 10색상을 같은 간격으로 배열한 것이다.

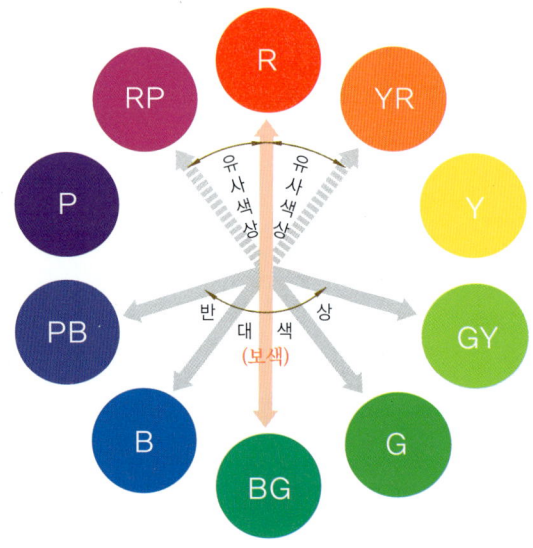

색상 R과 옆 색상인 YR, RP는 유사 색상이다. 또한 색상환의 반대 위치에 있는 색상 BG는 R과 보색관계이며, 배색을 하면 대비감이 강하게 나타난다. 이 BG를 중심으로 PB에서 GY까지의 5색상이 R을 중심으로 P에서 Y까지에 대해 반대 색상이다. 각 색상의 유사 색상과 반대 색상을 인식해야 한다.

이러한 색은 4가지 기본 요소로 나뉘어진다.

첫째, 색조의 요소인 색상은 색 파장의 길고 짧음에 따라 따뜻한 느낌의 난색계열과 차가운 느낌의 한색계열로 구분된다. 난색은 동적인 이미지와 함께 우리의 식욕을 불러일으키고, 한색은 정적인 이미지와 함께 식욕을 감퇴시키는 효과를 주며, 그 주변의 중간색은 이들의 이미지를 보다 부드럽고 자연스럽게 이어주는 역할을 한다.

둘째, 밝기의 요소인 명도는 경쾌하며 가벼운 느낌의 밝은 색과 다소 차분하며 무거운 느낌의 어두운 색으로 구분될 수 있다. 색의 밝고 어두움에 따라 식공간의 분위기 연출이 다양해질 수도 있고, 계절감을 표현할 수 있는 장점이 있다.

셋째, 색의 맑음의 정도인 채도는 다른 어떤 색도 섞이지 않은 선명한 고채도인 순색과 흐린 색으로 표현되는 저채도인 탁색으로 구분된다. 색의 맑고 탁함에 따라 식공간은 활력이 넘치고, 분위기의 강약을 표현할 수 있으며, 화려함과 수수함을 대조적으로 표현할 수도 있다.

넷째, 색조(톤)는 색의 강약이나 짙음과 옅음의 정도인 농담으로 구분된다. 밝고 화려한, 여성적 이미지의 부드러운 색조와 어둡고 차분한, 남성적 이미지의 딱딱한 색조로 표현할 수 있다.

색은 단 하나의 색상으로도 그 느낌과 의미를 나타낼 수도 있지만, 여러 가지 색상들이 조화롭게 어울릴 때 우리에게 그 아름다움을 보여 주며, 그때 이루어지는 색과 색의 조화를 배색이라 한다.

여러 배색 중에서 가장 기본적인 조화를 이루는 배합이 같은 명도, 같은 채도의 동색 배색이다.

동색 배색은 통일감과 연속성이 강조되지만 자칫 단조로움과 지루함을 느끼게 되므로 그 색과 비슷한 색인 주변색, 인근색을 함께 배색하면 색다른 느낌의 유사색 배색 이미지를 연출할 수 있다. 유사 배색은 부드러우면서 세련된 조화의 안정적인 느낌을 보여준다.

색상환표에서 어느 색의 반대편에 있는 색을 반대색, 보색이라 하며, 이러한 반대색끼리의 배색을 보색 배색이라 한다. 반대색의 배색에서 느껴지는 시각적 강렬함은 리듬감과 생동감 넘치는 자극을 줄 수 있다.

그 이외에도 무채색으로 이루어진 배색에 유채색을 악센트로 첨가하여 세련되고 모던한 이미지를 연출할 수 있다.

그렇지만 이러한 여러 가지 배색에서 그 주가 되는 '주조색'과 그 주변의 '보조색', 포인트를 줄 수 있는 '강조색'의 조화를 생각하여 연출해야 혼란스럽지 않은 다양한 분위기를 연출할 수 있다.

(2) 배 색

●● 톤(색조)

색조란 한 미술 작품의 일반적이고 전체적인 색채 효과(인상)를 가리킨다. 즉, 밝거나 어두운 안료의 혼합물에 의해서 산출되는 한 가지 색이나 그것의 변화가, 작품 전체를 보는 우리의 시각에 지배적으로 나타날 때의 전체적인 색의 인상을 말한다.

우리는 가끔 난색조라든가 한색조라는 말을 하는데, 이것은 그 지배적인 색이 따뜻한 색이냐 차가운 색이냐 하는 색채의 주조를 가리키는 말이다. 색조의 주조 때문에 전체의 효과가 어떤 특별한 색채가 지배적인 것으로 나타나는데, 이러한 지배적인 색조를 통하여 부분적으로 여러 색을 썼을 때의 번거로움을 감소시켜서 전체적인 통일성을 증진시킨다.

*톤과 이미지

이름	형용사	약자	이 미 지
vivid	선명한	V	무채색이 전혀 섞이지 않은 순색의 캐주얼 이미지
strong	강한	S	비비드보다 검정이 약간 섞인 건강하고 실용적인 이미지
bright	밝은	B	비비드보다 흰색이 약간 섞인 맑은 느낌의 행복한 이미지
pale	연한	P	파스텔조의 사랑스럽고 감미로우며 꿈꾸는듯한 이미지
very pale	아주 연한	Vp	흰색에 순색을 약간 섞은 연한 색조로 부드럽고 달콤한 이미지
light gray	연한 회색	Lgr	Vp에 약간의 검정이 섞인 색조
light	엷은	L	온화하고 부드러운 이미지
gray	회색	Gr	회색톤이 짙은 어두운 이미지
dull	흐린	Dl	가라앉아 있고 차분한 분위기의 고풍스러운 이미지
deep	짙은	Dp	깊이가 느껴지는 클래식한 이미지
dark	진한	Dk	어둡고 차분하여 격조 높은 이미지

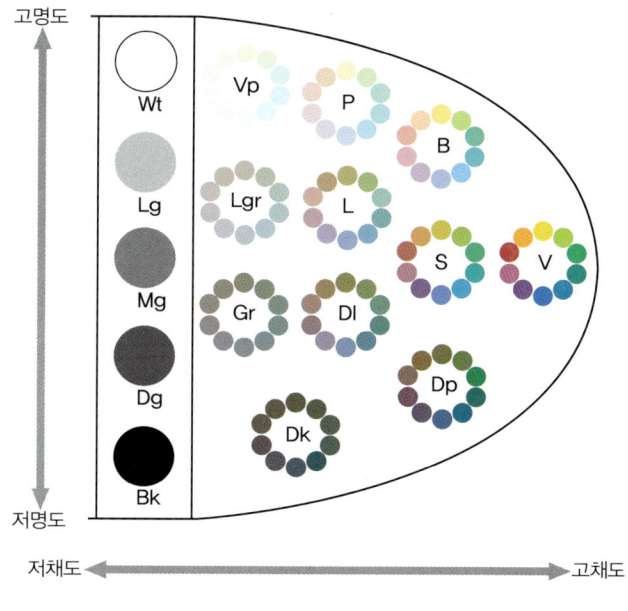

톤의 분류

색상·색조 체계에서는 색을 색상(hue)과 색조(tone) 두 카테고리로 나눈다. 색상은 빨강, 노랑, 파랑 등을 말하며, 색조는 채도와 명도를 하나로 합친 개념으로 색의 강하고 약함이나 어둡고 밝은 정도를 말한다.

색상·색조 120 색체계는 10가지 색상의 11단계 톤으로 구성된 110개의 유채색과 명도에 따라 10단계로 나눈 10개의 무채색으로 모두 120색을 말한다.

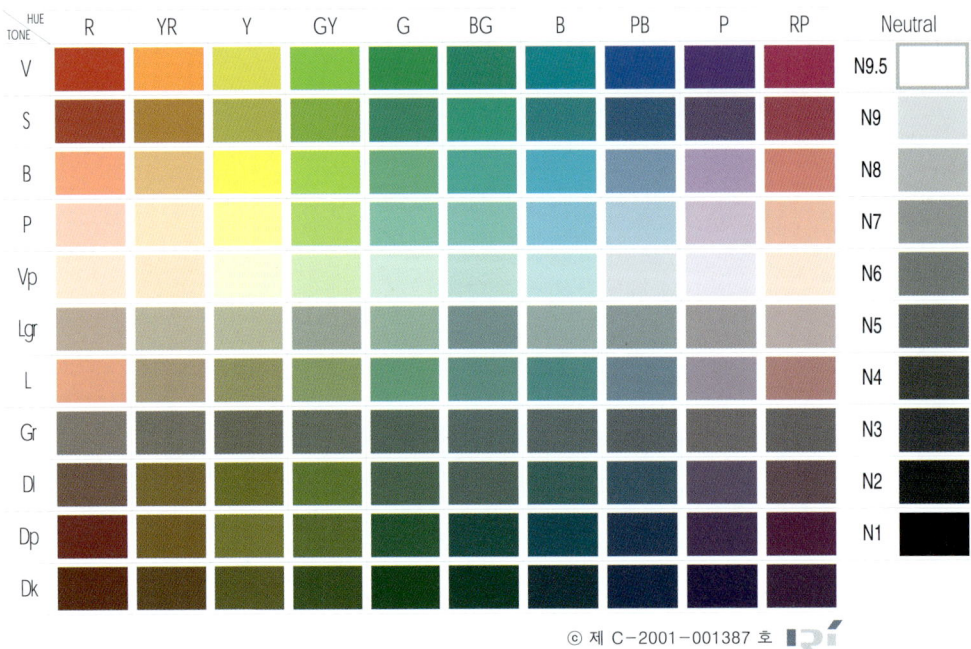

ⓒ 제 C-2001-001387 호

●● 색채의 조화

*유사색상 조화

명도와 채도가 비슷한 인접 색상을 동시에 배색하면 조화를 얻어낼 수 있다. 부드럽고 통일된 온화한 느낌을 줄 수 있으며 난색끼리의 배색은 따뜻하고 활동적, 한색끼리의 배열은 차갑고 시원한 느낌을 준다.

*대비색상 조화

색상 차이가 큰 두 가지 이상의 색을 배치할 때 얻을 수 있는 조화로, 화려하고 자극적인 배색이 된다. 특히 보색끼리는 강하고 화려한 느낌을, 난색과 한색의 배색은 변화있고 경쾌한 느낌을 준다.

*배색의 종류

• 분리효과에 의한 배색(separation)

세퍼레이션이란 '분리시키다' 또는 '갈라놓다' 란 의미로, 두 색 또는 다색의 배색에서 그 관계가 모호하든지 대비가 지나치게 강할 경우에 접하고 있는 색과 색의 사이에 세퍼레이션 컬러(분리색)를 한 가지 삽입하는 것으로 조화를 이루는 기법이다. 주로 건축이나 회화, 그래픽 디자인, 텍스타일 등에 사용되는 예가 많다.

• 연속효과에 의한 배색(gradation)

그라데이션이란 '서서히 변하는 것, 단계적 변화' 란 뜻이다. 색채의 계획 있는 배열에 따라 시각적인 유목성을 주는 것을 그라데이션 효과라 하고, 3색 이상의 다색 배색에서 이러한 효과를 나타낸 배색을 말한다.

• 반복효과에 의한 배색(repetition)

레피티션은 '반복하다' 의 의미로, 두 색 이상을 사용하여 일정한 질서에 기초한 조화를 부여함으로써 통일감이나 융화감을 끌어내는 배색 기법이다. 즉 두 가지 색 이상의 배색을 한 단위로 하여 되풀이함으로써 조화로운 결과를 도출해 내는 것이다.

유사색상의 조화

분리효과

유사색상의 조화

- 강조 효과에 의한 배색(accent)

단조로운 배색에 대조색을 소량 덧붙임으로써 전체 상태를 돋보이도록 하는 배색 기법이다. 악센트 컬러로 대조적인 색상이나 톤을 사용함으로써 강조점을 부여한다. 악센트 컬러는 배색 전체의 효과를 짜임새 있게 하는 것으로 색상, 명도, 채도, 톤의 각각을 대조적으로 조합함으로서 가능하다. 악센트 배색의 목적은 전체가 평범하고 대조한 배색에 대하여 큰 변화를 준다든가, 부분을 한층 강하게 하여 시선을 집중시킬 수 있는 효과를 얻을 수 있다.

- 톤 온 톤 배색(tone on tone)

톤 온 톤이란 색을 겹친다는 의미로, 그 기본은 동일색상에서 두 가지 톤의 명도차를 비교적 크게 둔 배색이다. 보통 동색계의 농담 배색이라고 불리는 배색으로, 밝은 베이지+어두운 갈색, 밝은 물색+감색 등은 그 전형적인 예이다.

- 톤 인 톤 배색(tone in tone)

톤 인 톤 배색은 파스텔 톤, 비비드 톤처럼 근사한 톤의 조합에 의한 배색 기법이다. 색상의 톤 온 톤 배색과 마찬가지로 동일 색상을 원칙으로 하여 인접 또는 유사 색상의 범위 내에서 선택한다.

톤 온 톤에 의한 배색   톤 인 톤에 의한 배색

●● 색과 심리

색들이 개별적으로 그 색채의 절대적인 성격을 가진다고 주장하기란 매우 어렵다. 색의 진정한 효과와 의미는 언제나 조형이나 생활에 있어서의 어떤 전후 맥락이나 관계 속에서만 드러난다.

색에는 무수한 민속적인 경험의 누적된 성질이 있다. 체계적으로 연구하는 색채 심리학(psychology of color)이라는 이론적, 실제적인 접근도 있다. 색채 전문가들은 색채에 대한 지식을 모든 사회 생활의 다양하고 실제적인 여러 문제에 적용시키고 있다.

다음과 같이 몇 개의 이미지를 표현하기 위한 색채 언어들을 들 수 있다.

- 달콤하다(sweet) : 달콤하다는 미각도 포함되지만 무드로서의 달콤함에도 중점을 두고 생각해야 한다. 달콤함을 가장 잘 나타내는 색은 핑크이다. 배색 시 탁색은 사용하지 않는다.

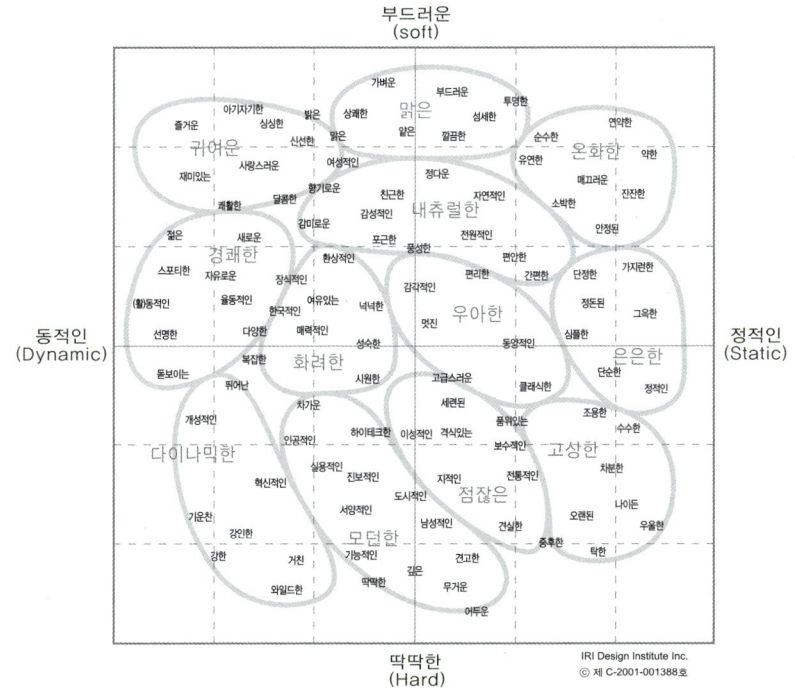

형용사 이미지 스케일

- 상쾌하다(clear) : 맑은 청색 계열로 시원한 느낌을 주며, 온도를 느끼게 하는 색을 사용하기도 한다. 민트향의 음료나 음식이 시원해 보이는 것은 맛과 더불어 그 컬러 이미지(color image) 때문이기도 하다.
- 상큼하다(cool) : 보기에 시원스럽고 좋은 이미지이다. 레몬 옐로우나 라임컬러 이미지의 색상이다.
- 차갑다(cold) : 쿨보다 서늘한 이미지이다. 쿨과 마찬가지로 청색 계열이 중심이 되지만 좀 더 차가움을 느끼게 하기 위해서 색상의 폭을 넓게 잡지 않는 편이 좋다.
- 담백하다(plain) : 색이나 맛이 느끼하지 않은 상태, 시원시원하다와 비슷하지만 좀더 아무것도 없는 분위기이고, 중심색은 백색이며 느끼함이나 혼탁함이 없는 색이다.
- 시원시원하다(light) : 담백하다와 동의어로서 복잡한 맛이 없고 핵심이 되는 맛이 남아 있는 이미지이다. 미각적인 말이지만 인품을 나타내는 데도 사용된다. 뒷맛이 당기는 맛을 표현하려면 밝은 그레이시한 색이 효과적이다. 흰색은 이 이미지에서 빼놓을 수 없는 색이다.
- 신선하다(fresh) : 신선한 야채 같은 것을 먹었을 때에 아삭아삭한 미각으로서의 이미지가 강한 것이다.
- 맛있어 보이다(delicious) : 맛있음을 표현하는 상징적인 색은 오렌지이다. 오렌지색을 중심으로 함으로써 미각에 있어서의 맛있음을 강조하고 깊이가 있는 색으로 깊은 맛을 느끼게 한다.
- 맛이 순하다(smooth) : 맛있으면서도 입 속에서의 감촉이 좋다는 것을 말할 때 사용되는 말이다. 맛있는 색은 오렌지색이 중심이지만 맛이 순하고 부드러운 것은 밝고 맑은 색과 깊이가 있는 색과 그레이시의 컴비네이션에 의해 생긴다.
- 향기롭다(aromatic) : 후각에 중점을 둔 미각의 이미지이며, 당연히 맛있어 보인다는 것에 기본을 둔다. 그래서 중심은 오렌지이고 향기로움을 내기 위해서

는 어둡고 맑은 색이나 탁색을 사용한다. 밝고 그레이시한 색도 효과적이다.
- 에스닉(ethnic) : 에스닉이란 민족적인 요리를 말한다. 이국적인 느낌을 내기 위해서 깊이가 있는 색을 주로 배색한다.
- 맵다(hot) : 미각에 관한 이미지이지만 엄격하다거나 괴롭다는 정신적인 의미도 가지고 있다. 대표하는 색은 붉은색이고 고추 색깔에서 왔다는 설도 있지만 붉은색이 갖는 강렬함이 그 원인이다. 어두운 적색의 배색이 포인트이다.
- 시다(sour) : 황색과 황록색이 주를 이루지만 밝고 맑은 색을 많이 사용한다. 그 중에서도 맑은 색의 청색 계열을 효과적으로 배색하는 것이 포인트이다.
- 쓰다(bitter) : 미각 중에서도 약간 마이너스적인 경향이 있는 이미지이다. '시다'와는 반대로 깊이 있는 색과 어두운 색을 중심으로 배색한다.

색상은 서로 상호작용하며 두 개의 색상이 같이 있으면 조화를 이루거나 대조를 이룬다. 색채 조화의 공용되는 원리로는 질서, 명료성, 동류, 유사, 대비의 원리가 있다.

(3) 감성과 색채

색채와 미각의 관계를 색상별로 살펴보면, 색채의 공감각은 시각에 의해서 크게 결정되고 있으나 다른 감각기관의 중요성도 무시되어서는 안 되는 것이다.

이에 따라 색채 디자인이나 연구는 인간의 감성 디자인을 위한 것이며, 색채와 연관된 디자인, 색채 분석, 마케팅 과정은 오감에 의한 공감각을 기반으로 해야 한다.

공감각(共感覺, synesthesia)은 색으로 자극을 받은 시각이 청각, 촉각, 후각, 미각의 다른 감각을 공유하는 현상으로 '듣는 색', '느끼는 색', '먹는 색'으로 표현할 수 있다.

●● 감성이란?

감성이란 어떤 대상에 대한 좋거나 나쁜 감정을 말한다. 감성적 경험은 시각적 요소(색, 모양, 색채 등), 시각 마케팅, 컬러 마케팅, 청각적 요소(음량, 음의 고저, 음의 강약 등)의 청각 마케팅, 음악 마케팅, 촉각적 요소(재료, 질감 등)의 촉각 마케팅, 미각적 요소, 후각적 요소의 후각 마케팅, 향기 마케팅으로 구성되는 감각적 표현 요소(미학적 실행 도구)의 결합에 의해 이루어진다.

그래서 감성 마케팅을 가슴 마케팅이라고도 하며, 이러한 가슴 마케팅은 위에 언급한대로 오감을 마케팅 수단으로 주로 사용한다. 결국 감성 마케팅이란 오감에 하나를 더한 것이다.

감성 마케팅의 예 – 삼성 '또하나의 가족'

21세기는 사람의 감정에 호소하는 감성의 시대라고 말한다. 최근, 음악, 자동차, 건축, 제품, 패션, 음식 등 다양한 분야에 있어서도 사람의 '감성'을 키워드로 하는 연구가 활발하다.

산업화 시대는 제품 중심의 사회였다. 이는 기술이 우선이고 제품이 나오면 인간이 그 제품에 적응해야 하는 방식이었다. 그 이후 인간 공학과 제품 생산 기술의 발전으로 제품을 인간에 맞추는 인간 중심의 사회로 발전해 왔다.

1900년대에는 "과학이 발전하면 산업은 응용하고, 인간은 이에 따른다."의 시대였지만 21세기를 맞은 지금은 "인간이 제안하면 과학은 연구하고, 기술은 이를 따른다."라는 인간 중심의 방향으로 바뀌어 가고 있다.

따라서 21세기 감성의 시대가 열림으로 인해 감성 마케팅 분야에 있어서도 소비자들의 감성에 어울리는 혹은 그들의 감성이 좋아하는 자극이나 정보를 통해 제품에 대한 소비자의 호의적인 감정 반응을 일으키고 소비 경험을 즐겁게 해줌으로써 소비자를 감동시키자는 것을 마케팅 목표로 한다.

즉, 물질적인 자극뿐만 아니라 한 걸음 더 나아가서 소비자의 마음을 상대로 하는 감각 정보를 통해 소비자의 감성 욕구에 부응하는 것이다. 인간이 다섯 가지의 감각(시각, 청각, 미각, 후각, 촉각)을 기초하여 정보를 받아들인다는 점을 핵심으로 하여 이러한 감성적 측면을 강조한 마케팅이 계속해서 개발되고 있다.

감성은 물리적인 자극에 의해서 얻어지는데, 예를 들면, 음악, 회화, 풍경, 향기 등의 사물을 보았을 때 인간은 빛을 통해 사물을 지각하여 신체의 일부분으로서, '맛있다', '달콤하다', '상큼하다' 등의 표현을 나타내게 된다.

음식에 있어서 인간의 감각 기관인 오감을 통해 지각을 하며, 이것은 다시 뇌에 인식되어 우리 육체의 각 부분을 통해서 표현되어진다.

오감에 있어서 맛은 미각뿐만 아니라 촉각, 청각, 시각, 냉각, 온각, 후각, 통각 등이 융합되어서 작용을 하게 된다. 특히 오감에 있어서 시각이 87%, 청각이 7%, 촉각이 3%, 후각이 2%, 미각이 1%의 영향을 끼친다는 조사가 있듯이 우리의 눈으로 대부분의 감성이 판단되어짐을 예측할 수 있다.

그러므로 음식에 있어서 시각적인 효과는 중요한 부분을 차지하게 되는데, 특히 음식의 다양한 색채는 우리의 시각을 다채롭게 변화시키며, 맛과 건강까지도 연결시키는 광범위한 부분을 차지하고 있다.

컬러 마케팅의 예 - 애플 컴퓨터

우리가 '맛있었다' 라는 만족을 느끼는 것은, 우선 자신의 심신이 건강하고, 좋은 환경과 분위기 안에서 어느 정도 내용이 있는 요소의 음식을 먹었을 때일 것이다. 만약 같은 음식을 먹었다 하더라도 몸이나 마음에 병이 있거나 환경, 분위기가 나쁜 곳에서는 똑같은 '맛있었다'를 느낄 수가 없었을 것이다.

다시 말해서 '맛있다'에는 이면성이 있고 실질적인 맛을 구성하는 요소 이외에도 심리적으로 가미되는 요소가 있다. 게다가 같은 품질의 것이라 하더라도 민족, 성별, 연령 및 식습관 등 그것을 먹는 개인의 주관성에 의해서도 '맛있다'는 다르게 평가될 것이다.

한편, 일반 식품에 있어서 '맛있다'에 관계되는 구성 요소는 다음과 같이 나눌 수 있다.

품질 요소와 안전 요소로서 음식의 색이나 상태, 성분(맛, 향 등), 관능, 안전성, 보존성 등을 나타낸다. 또한 생리 및 심리적 요소와 식사 시의 환경 등의 요소가 있다. 지적 요소로서는 영양, 품질, 규격 등이 있다.

'맛'은 품질 구성 요소 중에서도 가장 중요한 요소 중의 하나가 색채이다. 오감에 의해서 '맛'을 판별하지만 오감의 모든 요소가 만족되어지지 않았을 때는 완전한 '맛'을 기대하기 어렵다.

시각에 의해서 판단하며 그 위에 심리적인 면이 고려되고, 기타 형태, 배색, 조명 등이 가미됨에 따라서 색과 윤기에 의한 '맛'의 연출이 한층 돋보이게 된다.

지적 요소로서 식품의 품질은 폭이 넓고, 색, 윤기 등 영양가 및 보존성까지 포함한다. 또 직접 그 물건의 색이라든가 향미에는 관계없는 비스켓이나 쿠키 종류도 품질과 상관이 있다.

'맛'은 심리적으로 안심하고 먹을 때 느끼는 것으로서 위생적으로는 보존성, 첨가물 등이 걸리며 또 영양적으로는 에너지의 고저, 각종 영양소가 적당히 포함되어 있는가 없는가의 기능적인 면이다.

(4) 식공간과 색채

풍요로운 색을 지니고 있는 환경 속에 살고 있는 우리는 단 한 순간도 색의 공간에서 떠날 수 없다. 식공간에서의 색채도 그 색이 가지고 있는 다양성, 이미지, 기능을 잘 이해해 연출한다면 보다 쾌적하고 아름다운 공간으로 재탄생되어질 수 있으므로 색채는 무시될 수 없는 중요한 요소이다. 식공간은 우리의 식생활과 가장 밀접한 공간이기 때문에 색이 주는 이미지와 심리적 효과를 음식과 함께 이해해야 한다.

또 색상(色相)이란 색 자체가 갖는 고유의 특성과 물체가 반사하는 빛의 파장의 차이에 의해 달라지는 각각의 색을 구별하는 이름이라고 말하며, 색채(色彩)는 사물을 표현하거나 그것을 대할 때 드러나는 일정한 경향이나 성질이라 규정한다.

그러므로 식공간에서의 색은 우리의 감정과 감성, 색이 갖는 이미지와 결합되어 그 나름의 성향을 표출할 수 있는 가장 기본적인 요소임에 틀림없다.

회의실 파티 식공간 연출

회사 발코니 파티 식공간 연출

'밀크' 제품 홍보를 위한 식공간 디자인 - SKⅡ 화장품

색은 그 물체가 가지고 있는 고유한 형태나 질감보다 더 빠르게 시각적으로 우리에게 전해진다. 또한 그 색이 지니고 있는 유형별 특성과 감각을 표현하면서 그로 인한 미적인 효과와 인간의 심리적, 감정적인 속성을 표출해 내는 수단이며, 그 나름의 이미지와 분위기를 구체화하여 만들어가는 도구라 할 수 있다.

식공간은 우리의 식생활과 가장 밀접한 공간이기 때문에 색이 주는 이미지와 심리적 효과를 식탁에 놓여지는 음식과 함께 이해해야 한다.
식공간의 주체가 되는 우리를 가장 쾌적하고 편안한 분위기로 이끌어 나가는 것이 색의 기본 임무이며, 이를 식공간 내에서의 색채 조정, 컬러 코디네이션(color coordination)이라 할 수 있다.

식공간에서 색이 표현하는 이미지 언어는 인간의 감정과 감성을 자극하기에 충분하다.
이 외에 우리의 시각으로 인지되어지는 색의 기능을 보자면 색의 색상과 명도, 채도에 따라 달라지는 따뜻함과 차가움을 표현하는 '온도 감각', 가벼움과 무거움을 표현하는 '중량 감각', 물체의 크기가 축소 또는 확대되어 보일 수 있는 '부피

감각', 물체를 진출하게 보이거나 후퇴하게 보일 수 있는 '거리 감각', 물체의 부드러움과 단단함을 느끼게 하는 '강약 감각', 물체의 질감을 표현할 수 있는 '촉감각' 등 색이 갖는 의미와 역할은 우리의 생활, 특히 식공간에서 전체의 분위기를 결정할 수 있는 중요한 요소인 것이다.

그러므로 색의 여러 가지 기능과 중요성을 깨닫고 색채 이미지와 색채 심리, 색채 디자인, 색채 환경, 색채 언어를 잘 이해하고 응용하여 식공간에서의 연출을 보다 쾌적하고 아름답게 만들어 나가야 할 것이다.

(5) 음식과 색채

색채는 음식의 일부이다. 음식의 색채는 미각에 크게 영향을 준다. 일반적으로 색이 진한 것이 엷은 것에 비해서 맛을 진하게 느끼게 되는 경향이 있다. 또 붉은색은 일반적으로 달게 혹은 맛을 강하게 느끼는데 비해 녹색에서는 신맛을 느끼게 되는 효과가 있다. 또 황색은 맛을 엷게 느끼게 된다.

예를 들면, 커피를 끓여서 각각 황, 녹, 적의 라벨을 붙인 커피잔에 나누어 미각 테스트를 한 결과 황색 잔의 커피는 맛, 향 모두 엷게, 녹색 잔에서는 신맛을 느끼고, 적색 잔에서의 커피는 맛, 향 모두 진하게 느꼈다. 이것은 커피만이 아니라 통조림, 주스 등에서도 같은 경향을 보였다.

음식의 색채가 미각에 강렬하게 작용하여 식기와 함께 음식을 먹는 것이므로 '그릇까지 먹는다'는 말은 시각적으로는 사실이다. 조잡한 그릇에서는 맛있는 음식도 맛없게 느껴지는 법이기 때문이다.

사람들에게 흰 버터와 적당히 착색된 마가린을 주어 어느 쪽이 진짜 버터인가 먹어 보게 한 결과 대다수의 사람들은 흰색의 버터는 기름 맛인 마가린이라 하고 노란색 마가린은 맛있는 버터라고 답하였다. 먹어 본 경험이 있는 것과 비슷한 색은 식욕이 증가되나, 그 음식의 색과 비슷하지 않을 때는 식욕이 떨어진다는 것을 알 수 있다. 예를 들면, 붉게 물들인 오렌지 주스나 푸른색의 아이스크림은 손대는 사람이 적다고 한다.

이와 같은 예에서 알 수 있듯이 조리할 때는 색을 내는 일이 아주 중요하다. 가열 조리를 할 때 좋지 않은 쪽으로 변색하는 일이 있으므로 조건에 맞는 조리를 하는 것이 중요하다. 녹색 채소를 조리할 때는 특히 주의해야 한다.

우리의 감각기관은 별도로 독립되어 있는 것이 아니라 서로 보완기능을 가지고 있다. 따라서 맛이나 향기에 관련된 상품을 개발할 때의 색채계획은 매우 중요한데 이는 시각적 맛의 기대치가 실제 맛과 일치하지 않는다면 그 상품의 이미지는 그만큼 산만하게 되어 소비자에게 오래 기억될 수 없기 때문이다. 사실상 우리는 음식의 색에 거의 즉각적인 반응을 일으키며, 그에 따라 식욕이 증진되기도 하고 감퇴되기도 한다.

색상의 미각 표정은 질감과 일체가 되어 매력을 더한다. 보라는 음식의 색으로는 일반적으로 좋지 않은 색이나 가지나 포도의 색이 매력적인 것은 그 질감이 보라색을 살려주기 때문이라고 생각할 수 있다. 일상의 식생활에서 빨강색, 갈색을 띤 식품 색에 녹색 계통을 첨부하면 식욕이 촉진된다. 즉 토마토나 당근의 빨간색은 녹색의 파슬리나 양상추에 의해 신선하게 보이는 효과가 있다.

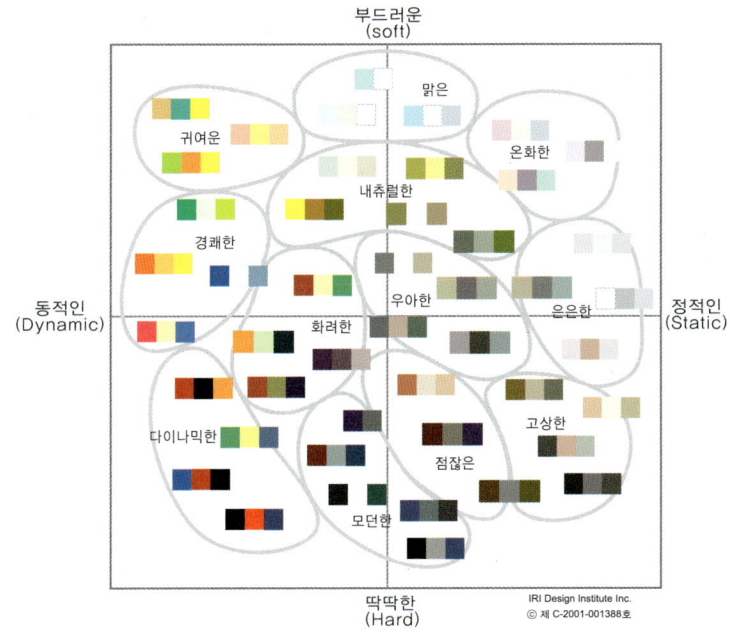

배색 이미지 스케일

　　일반적으로 식욕을 돋우는 색은 따뜻한 계통의 순색이 가장 높은 색으로 나타난다. 풍요로움을 상징하는 빨간색에서 주황색 쪽으로 접근해가면 식욕도 더욱더 자극된다.

　　그러나 노란색에서부터 식욕을 자극하는 정도가 현저하게 감소되기 시작하여 연두색에서는 상당히 낮아진다.

　　색채학자 비렌의 연구에 의하면, "빨간색은 식욕을 돋우어 주며, 주황색은 더욱 식욕을 자극하나, 노란색부터는 식욕이 현저

식욕을 돋우는 색채 요리

하게 감퇴되어 연두색에서는 거의 식욕을 느끼지 못하다가 초록색이 되면서 다시 식욕을 돋우어 준 후 파란색은 다시 식욕을 감퇴시킨다."고 하였다. 파란색은 식욕을 돋우어 주지 못하는 색이지만 다른 색으로 된 음식물들을 더 맛있게 보이도록 만들어 주는 색이다. 즉 파란색은 음식 그 자체의 색으로 적합하지 못할지라도 음식의 배경색으로 좋은 색이므로 파란색 식탁 위의 음식은 깔끔해 보인다.

식당 공간을 구성하는 시각적인 요소들은 식당의 분위기를 좌우할 수 있는 절대적인 요소이다. 분위기는 눈을 즐겁게 하며 그로부터 황홀한 감정이 들도록 하는 환경에서 만들어진다. 그것으로 인해서 긴장이 이완되고, 심적으로 즐거운 상태에서 식사를 할 수 있도록 돕는 역할을 한다.

요리를 맛보는 식공간을 100%라고 하면, 요리는 약 5%의 색 면적을 차지하여 강조색(accent color)이 된다. 그릇과 식탁이 25%의 색 면적을 차지해 요리를 색채대비로 끌어올리는 보조색(sub color)가 된다. 식탁의 환경, 좌석, 바닥, 장식품, 정원 등의 주된 분위기가 70%로 색 면적을 차지하는 주조색(basic color)이 된다. 이들 100% 식공간에는 맛을 보는 사람의 심리 상태, 건강 상태, 교양, 요리사의 태도와 같은 많은 요소가 관여된다. 이들 요소의 융합이 요리의 후광 효과가 된다.

식기의 색채도 미각에 작용하므로 식기와 음식의 배색이 맞지 않으면 음식이 맛없게 느껴진다. 그릇의 종류와 색깔에 의해 요리의 맛이 좌우되는 현상을 후광효과(hallo effect) 또는 배경효과라고 한다.

각 식재료의 고유한 색과 그릇의 색 조

과일 주스를 이용한 파티 스타일링

화는 먹는 사람의 눈을 즐겁게 하고, 식욕을 불러일으킨다. 이때 식욕을 돋우는 색을 고려하여 전체적인 분위기가 주제에 맞도록 한다.

그리고 색채 조화는 함께 사용된 색들의 전체적인 인상, 즉 색채 구성의 전체적인 시각효과를 가리키는 것으로 2색 또는 다색의 배색에 질서를 주는 것이다. 통일과 변화, 질서와 다양성과 같은 반대 요소를 모순과 충돌이 일어나지 않도록 조화시키는 것을 말한다.

●● 한국의 음식과 오방색

우리나라의 전통 음식 문화에는 오방색의 재료를 많이 이용하여 음식을 만들었다. 오방색은 황, 백, 흑, 청, 홍의 다섯 가지 색으로서 시각적인 아름다움뿐만 아니라 우리 몸의 건강까지도 생각하는 지혜를 가졌다. 오방색으로 오장육부를 다스리는 한방 색채 요법은 흰색, 노란색, 빨간색, 녹색, 검정색 등 다섯 가지 색상을 오장과 연관시키는 방법이다.

- ○ 하양(폐, 기관지) : 색이 흰 음식은 폐와 기관지에 효능이 좋다. 도라지, 무, 배 등
- ● 빨강(심장) : 혈액 색깔의 붉은 식품은 피를 맑게 하고 심장을 건강하게 만든다. 토마토, 당근, 대추, 구기자, 오미자 등
- ● 초록(간) : 푸른 잎 채소에 들어있는 엽록소는 신진대사를 원활하게 해 피로를 풀어준다. 시금치, 셀러리, 양배추, 양상추 등
- ● 노랑(위장) : 노란색 음식은 위장은 튼튼하게 한다. 토종닭, 호박, 벌꿀 등
- ● 검정(신장) : 한의학에서는 검은 음식이 신장의 기능과 밀접한 관계가 있다고 본다. 검은깨, 검은콩 등

우리나라의 대부분의 음식은 이렇듯 오방색의 조화를 이루고 있어 선조들의 지혜를 엿볼 수가 있다. 김치를 예로 보면, 주재료인 배추는 흰빛의 기조색이고 무도 흰색 계통이다. 배추 속잎과 생강, 마늘은 황색, 고춧가루는 붉은색, 젓갈이나

청각은 검은색이다. 그리고 보관용 김칫독도 검은색이다. 그래서 김치는 흑, 백, 적, 황, 청의 5가지 빛깔로 오방색을 나타내며 오미를 갖추고 있다.

또다른 예로서 구절판을 들 수 있다. 구절판은 흰색 밀전병과 녹색 채소, 갈색 쇠고기와 버섯, 검은색 버섯, 붉은색 채소, 황색 달걀지단 등을 한 입에 먹어 음미함으로서 맛뿐만 아니라 우리 몸의 건강과도 깊게 관련되어 있다.

Foods coordinate

03 식공간 디자인 프로세스

식공간 디자인 계획에서 중요한 것은 창조적 아이디어를 가지고 연출 시안을 잡았을 때 그 프로젝트의 완성 단계를 예견해 볼 수 있는 능력이다.

(1) 식공간 연출의 인식(indentity)

1. 목표 설정 단계

연출하고자 하는 식공간의 주제를 설정하고 어떻게 연출되어야 하는가를 결정하는 것이다. 다양한 스타일의 도입과 식사 메뉴와의 직접적 관계가 설정되도록 노력을 집중시키며, 불확실한 것 또는 불가능한 것에 대한 오류를 최소화한다.

2. 세부 일정 단계

연출 디자인의 목표를 설정한 다음 진행 스케줄을 정하고 세부 계획을 확립한다.

외부 비즈니스 계획은 각 개인의 홈 플랜, 전시 및 디스플레이에 따른 세부 항목들의 연출 일정과 재료 구입

식공간 복도 연출 　　　　　식공간 입구 연출 　　　　　식공간 천정 연출

을 위한 시장조사 등 목적을 위해 계획적으로 진행될 수 있는 모든 일정을 포함한다.

3. 아이디어와 자료수집 단계

식공간 디자인 과정에 있어서 가장 창조적인 단계이다. 식공간 디자이너는 가능한 기호, 사용 시기, 재료, 기후, 계절, 자원의 입수 가능성, 수량 등을 알아야 하고 위탁 비즈니스에 따른 고객의 선호, 색채, 기타 개인적인 요인 등을 파악해야 한다. 테이블 웨어, 린넨류, 메뉴에 대한 정보 등 아이디어 창출을 위한 지식수집과 함께 경쟁사의 정보도 병행된다.

4. 모델 분석 단계

아이디어의 타당성 검토를 거친 후 가능한 목표의 모델을 만든다. 완성품이 기획상의 기준들을 충족시키고 목적에 부합되는지 올바른 색채와 패턴, 재료 등 각 단계별로 설정된 목표와 견주어 검토한 후 디자인의 최종 이미지를 시안상으로 분석한다.

5. 연출 계획

소비 목적 대상인 주 소비자에게 어떠한 형태로 소비의식을 부가하여 결정짓게 하는가, 콘셉트의 차별화, 감성적 역할 등을 고려한 메시지를 구체화할 수

있는 연출이어야 한다.

6. 디자인의 결정
실체화하는 디자인이 결정되면 면밀히 검토한 후 연출 방향의 목적과 부합되게 작업을 결정하고 진행시킨다.

7. 프레젠테이션
디자인 결정 후, 작품을 목표에 가까운 상황으로 알기 쉽게 설명하고 테이블 세팅의 실제 Set-up 및 슬라이드 등의 시각적 데몬스트레이션을 진행한다.

8. 실행
목표를 충족시키기 위해 설정된 기준에 의해 식공간 연출의 특징과 효과를 판단한다. 목표 또는 고객의 승인을 얻은 후 구체화 작업을 진행한다.

(2) 식공간 연출의 이미지

●● 장식 예술

장식은 인간생활의 일부, 모든 사조와 시대의 디자인적 특성을 가지며 종교상의 의식, 신념 등과 더불어 지속되어 왔다. 전수(communication), 존경, 식별 등의 수단으로서 때로는 신체적 장식품에서 실용품의 장식에 이르기까지 장식을 위한 장식으로 이용되어 왔다.

글라스 웨어, 은제 식기, 도자기 및 린넨 등 직물은 개인의 기호성과 시대적 양식의 패션을 담은 장식을 선호하고 있다.

●● 연상 작용

디자인과 색은 고유한 감성코드를 가지고 분위기와 이미지 연출의 효과를 극대

화시킨다. 외적 자극을 맞아 사물이 지닌 디자인과 색을 통합하여 보는 이로 하여금 심상에 떠오르는 연상 작용을 촉발시킨다.

 예를 들어, 클래식 스타일의 식공간을 연출하였을 때 보는 이로 하여금 무엇이 가장 클래식 이미지를 연상시켜 줄 것인가 하는 근원을 찾아내는 요소가 존재해야 한다. 즉 연상은 다른 이름으로 '관념연합' 이라고도 한다.

●● 이미지

 색채, 패턴, 스타일링에 의해 연출가가 표현하고자 하는 목적이 형상화되는 것이다. 식공간의 이미지는 관념적이면서도 오감이 작용하는 직접적인 이미지가 능동적으로 표현되는 공간으로 연출하여야 한다.

PART 02

테이블 코디네이트

Food coordinate

01 테이블 코디네이트의 이해

서양에서는 수 세기 이전부터 테이블 코디네이트(table coordinate, 테이블 코디네이션, 테이블 세팅, 테이블 데코레이션 등의 용어와 혼용되고 있음. 영미(英美)에서는 일반적으로 테이블 데코레이션(table decoration)이라는 용어를 사용하고 있으며 '테이블 코디네이트' 라는 용어는 일본에서 만들어져 유래된 낱말임.)의 문화가 시대의 변천에 따라 발전하고 체계를 갖추어 왔으며, 르네상스 이후 중국에서 전래된 도자기의 발전, 산업혁명 이후의 경제적인 여유, 화려한 왕실 및 귀족 문화의 발달, 와인과 차 문화의 보급 등이 중요한 계기가 되었다.

우리나라에서도 최근의 비약적인 경제 발전과 더불어 생활에 여유를 갖게 되었고, 식사를 더 맛있고 이색적이며 분위기 있는 장소에서 하기를 원하는 욕구가 확대되어가고 있다. 이에 따라 외식산업뿐만 아니라 우리의 일상생활에서도 식공간에 대한 시각적 변화의 필요성이 더욱 제기되고 있으며, 테이블 역시 단순히 음식을 놓고 먹는 공간이 아닌 식사시간을 즐기기 위한 개념으로 자리 잡아가고 있다.

테이블 코디네이트는 요리와 함께 그릇, 꽃, 테이블클로스에서 음악, 조명 등 식공간에 이르는 중요한 요소들의 조화에 의하여 총체적인 오감(五感)에 영향을 미치는 공간을 창조하는 것이다.

식사를 하는 동안에 느낄 수 있는 오감 중에 가장 우선적으로 생각하는 것이 미각이지만 통계적으로 오감 중 가장 많이 사용되는 것은 시각, 미각, 후각, 촉각, 청각의 순이다. 또한 음식의 시각적 환경을 100%라고 한다면 눈 앞의 요리는 5%, 식기류나 소품은 30% 전후, 나머지 65%를 차지하는 것은 식공간의 환경이다.

그러나 테이블과 그에 바로 인접한 공간을 제외한 나머지 공간은 실내디자인의 영역이므로 식공간 연출가가 직접 창작할 수 있는 것은 아니며 필요에 따라 소품이나 집기를 사용하여 목적에 맞게 보완하거나 창조적으로 변화를 줄 수 있다.

따라서 테이블 코디네이터의 주된 창작이 이루어지는 곳은 역시 테이블 위라고 할 수 있다.

Food coordinate

02 테이블의 기본 요소

테이블 위에 놓이는 테이블웨어(tableware)에는 식기(dinnerware), 커틀러리(cutlery), 린넨(linen), 글라스웨어(glassware), 센터피스(centerpiece), 초(candle), 냅킨 홀더(napkin holder)나 플레이스 카드 스탠드(place card stand), 소금과 후춧가루통, 은이나 도자기 장식품 등의 다양한 종류가 있다.

그 중에서 테이블 코디네이트에 반드시 필요한 식기(dinnerware), 커틀러리(cutlery), 린넨(linen), 글라스웨어(glassware), 센터피스(centerpiece)의 다섯 가지를 테이블의 기본 요소(elements of table)라 한다.

가정에서뿐만 아니라 레스토랑에서 손님들이 제일 먼저 접하는 커뮤니케이션의 도구는 이러한 테이블의 기본 요소들이며 음식 외적 요소 가운데 가장 중요시되는 것이다.

잘 차려진 테이블의 기본 요소들은 고객에게 그 식당의 개성 있는 독특한 이미지를 부각시키며, 레스토랑에서 고객을 소리 없이 감동시키고, 그 반향은 레스토랑의 질과 서비스의 만족에까지 영향을 준다.

(1) 디너웨어(dinnerware)

디너웨어는 식사를 할 때 사용되는 각종 그릇의 총칭하는 말로, 식탁 위의 많은 소품들 중에서 시각적으로나 기능적으로 큰 비중을 차지한다. 식기 또는 차이나(china)라고도 하는데, 후자는 유럽의 각 나라들이 18세기까지는 대부분의 도자기들을 중국에서 수입하였던 것에서 유래된 용어이다.

메뉴나 계절에 따라 선택하는 것이 좋으며, 가장 무난한 컬러인 흰색을 선택하면 어느 음식과도 잘 어울릴 수 있고 테이블클로스에 따라 다양한 표정을 연출할 수 있어 편리하다. 디너웨어는 메뉴가 정해진 다음 각 코스에 맞게 가장 먼저 선택되어지며, 흥미로운 대화나 좋은 음식과 마찬가지로 성공적인 식사의 기초가 되고, 전체적인 식공간의 분위기를 주도한다.

●● 접시(plate)

접시는 일반적으로 가장자리가 높고 바닥이 편평하며 납작한 모양을 가진 그릇의 총칭이다. 보통 디시(dish)와 프레이트(plate)로 나뉘어 불리는데, 디시는 볼보다 깊이가 얕고 플레이트보다 약간 깊이(3.8cm)가 있는 접시이다. 접시는 음식을 담아내거나 그릇 밑에 받쳐 사용하기도 하며, 때로는 장식용으로도 사용되는 등 그 쓰임은 목적에 따라 다양하다.

접시의 앞면을 볼 때, 접시의 둘레를 림(rim)이라고 하고 가장자리를 엣지(edge)라고 한다. 림의 형태가 갖추어진 플레이트는 정찬용으로 사용하고, 림이 없는 플레이트는 캐주얼한 식탁용으로 흔히 사용된다.

●● 볼(bowl)

볼은 디시보다 깊이가 있으며 손잡이가 있는 것과 없는 것이 있다. 수프 볼(soup bowl), 샐러드 볼(salad bowl), 시리얼 볼(cereal bowl) 등이 자주 사용되며, 부이용 컵(bouillon cup), 핑

부이용 컵

거볼(finger bowl), 램킨(ramekin)은 받침접시와 같이 한 쌍으로 이루어져 있다.

●● 컵 (Cup)

컵의 크기는 음료의 농도와 음료를 내는 시간으로 결정된다.

큰 컵이나 머그는 아침식사와 점심식사 시에 뜨겁게 마시는 커피, 티, 코코아나 오후에 차가운 탄산수를 마실 때 사용된다. 작은 컵은 에스프레소와 같은 짙은 음료, 페이스트로 된 뜨거운 초콜릿, 알코올로 만든 독한 음료를 마시는 데 사용된다.

●● 디너웨어에 관한 에티켓

- 격식을 갖춘 디너의 경우, 서비스 플레이트(service plate)를 사용한다. 첫 번째 또는 두 번째 코스가 진행되는 동안 테이블 위에 계속 놓이게 되며, 린넨을 보호하고 그 위에 놓이는 여러 종류의 보다 작은 디너웨어들을 돋보이게 하는 역할을 한다.
- 수프는 일반적으로 가장자리에 넓은 림을 가진 넓고 얕은 수프 볼(soup bowl)에 담겨 서빙하는데, 콘소메(consommé)와 같이 맑은 수프는 들고 마실 수 있도록 양쪽에 손잡이가 있는 부이용 컵(bouillon cup)을 사용한다.
- 핑거볼(finger bowl)은 얕고 림이 없는 글라스 혹은 은으로 된 볼을 사용하는데, 미지근한 물을 담아 레몬 슬라이스(특히 어패류 음식의 경우), 장미 꽃잎, 허브 등과 같이 서빙한다. 손님은 손가락 끝만을 핑거볼에 담갔다가 냅킨으로 매우 가볍게 닦는다.

(2) 커틀러리(cutlery)

커틀러리는 음식을 먹기 위해 운반하거나 자르는 도구로서, 메뉴와 용도에 따라 다양한 커틀러리가 사용된다. 영미(英美)에서는 '플랫웨어(flatware)'라고도 한다.

한식에서는 수저를 사용하는데, 숟가락은 젓가락의 안쪽에, 젓가락은 숟가락의 바깥쪽에 놓되 밥그릇의 오른쪽에 세로로 세팅한다.

양식에서는 포크(fork)와 나이프(knife), 스푼(spoon)을 사용한다. 포크는 접시 왼쪽에 세로로 놓고, 나이프와 스푼은 접시 오른쪽에 세로로 놓되 스푼을 가장 오른쪽에 놓는다. 좌측에서부터 Fork, Knife, Spoon의 각 영어단어 첫 번째 철자를 보면, F>K>S로 우연히도 스펠링 순서와 일치한다. 나이프의 칼날은 안쪽을 향하도록 하고 모든 커틀러리의 끝은 식탁 가장자리에서 3~4cm 안쪽에 놓는다.

●● 커틀러리에 관한 에티켓

- 유럽에서는 흔히 포크의 갈래(tine)를 아래쪽을 향하도록 세팅하여 더욱 예의 바르게 느껴지도록 한다.
- 스테이크 나이프(steak knife)는 디너 나이프(dinner knife)를 대체하는 것이 아니고 그것에 추가하여 세팅한다.
- 젓가락(chopstick)을 다른 커틀러리에 추가로 세팅할 경우에는 가장 우측에 있는 스푼보다 바깥쪽에 위치하도록 한다.

포크의 갈래(tine)가 아래로 향한 프랑스 스타일의 커틀러리 세팅

●● 일반적으로 인정되는 핑거푸드 (finger food : 손으로 집어 먹는 음식)

- 프라이드 치킨
- 감자튀김, 어니언 링
- 통옥수수
- 살이 붙은 돼지갈비
- 카나페

- (껍질 채로 있는) 바닷가재, 게
- (소스가 안 뿌려진) 아스파라거스

(3) 린넨(linen)

린넨은 식사할 때 사용되는 여러 가지 천 종류를 이르는 것으로, 테이블클로스(tablecloth), 언더클로스(undercloth), 테이블 러너(table runner), 플레이스 매트(place mat), 냅킨(napkin) 등이 있다.

테이블클로스는 청결의 의미와 테이블 세팅의 기본이 되는 컬러를 나타낸다. 그러나 테이블 자체가 훌륭하다면 격식을 갖추어야 하는 상차림이라 하더라도 테이블클로스를 깔지 않고 매트만 사용해도 된다. 기본 색상인 흰색의 테이블클로스는 다양한 테이블 코디네이트와 잘 어울린다.

언더클로스는 테이블클로스 밑에 깔아줌으로써 식기가 미끄러지는 것을 방지하고 식기를 테이블 위에 놓을 때 발생하는 소음을 줄여 준다. 플라넬(flannel)과 같이 두꺼운 천을 사용한다.

테이블 러너는 테이블클로스와 함께 사용하거나 단독으로 사용해 테이블 위의 공동의 공간(public space)을 나타낸다. 대개 폭은 30cm이다.

플레이스 매트는 식탁 위의 개인적인 공간을 표현하는 것으로, 가로45cm 세로 30cm가 일반적이다.

냅킨은 무릎 위에 펼쳐 놓아 옷을 보호하거나 입 주위를 닦을 때 사용한다.

테이블 러너

여러 종류의 린넨

| 턱시도 (tuxedo) | 봉투 (envelop) | 수련 (water lily) |
| 네임 카드 홀더 (name card holder) | 부채 (fan) | 백합 (lily) |

다양한 냅킨 접기의 방법

●● **린넨에 관한 에티켓**
- 테이블클로스는 격식을 갖춘 정찬에 가장 잘 어울린다.
- 플레이스 매트는 나무로 된 식탁 위에 사용하는 것이 최상의 용도이다.
- 면이나 아마(亞麻)로 제작된 냅킨을 얼룩 없이 잘 다려 사용한다. 폴리에스테르 등의 인공섬유로 만든 냅킨은 흡수력이 약하고 촉감이 떨어진다.
- 테이블클로스는 식탁에서 아래로 45cm 정도의 길이로 늘어뜨리는 것이 우아하게 보이며, 이 정도의 길이는 식사하는 사람의 다리 움직임을 방해하지 않는다. 가정에서는 25~30cm 정도의 길이로 외식공간에서보다는 짧게 늘어뜨린다.

(4) 글라스웨어(glassware)

글라스는 물과 와인류 등을 담는 용기로, 식탁의 우아함과 화려함을 연출하는 데 있어서 큰 비중을 차지한다.

테이블 세팅을 할 때에는 기본적으로 왼쪽에서부터 고블릿, 레드 와인, 화이트 와인 순서로 나이프 위쪽에 놓는다.

글라스는 와인잔처럼 굽(base) 위에 스템(stem)이 있는 스템웨어(stemware)와 스템이 없는 텀블러(tumbler)로 구분하기도 한다. 스템은 글라스 안의 내용물이 체온으로 데워지지 않도록 하며 손자국을 남기지 않고 글라스를 잡을 수 있게 해준다. 텀블러는 형태에 따라 하이볼 글라스(highball glass), 올드패션드 글라스(old-fashioned glass) 등의 종류가 있다.

고블릿은 보통 물컵으로 쓰이는 글라스이다.

레드와인 글라스(red wine glass)는 용량이 크고 너비가 넓으며 입구가 안쪽으로 더 오므라져 있어서 와인의 향기가 밖으로 나가지 못하도록 한 형태이다. 공기의 접촉을 원활하게 하여 보다 높은 향기를 끌어내고 색을 통해 시각적인 검증을 받기 위하여 커다란 글라스를 사용한다.

화이트와인 글라스(white wine glass)는 외부 온도의 영향을 덜 받고 차가운 상태로 와인을 즐길 수 있게 하기 위하여 적은 용량의 글라스를 사용한다.

샴페인 글라스(champange glass)는 플르트(flute)형과 쿠페(coupe)형이 쓰인다. 플르트형은 샴페인의 거품을 유지하고 향기를 빠져나가지 못하게 하기 위해 입구가 좁은 모양으로, 샴페인글라스로서는 이상적인 형태이다. 쿠페형은 호사스럽게 보이며 빠른 서빙을 위해서는 편리하다.

브랜디 글라스(brandy glass)는 몸체 부분이 넓고 글라스의 입구가 좁은 튤립형의 글라스로 스템이 짧은 것이 특징이다.

텀블러

① 하이볼 글라스(highball glass)
② 올드패션드 글라스(old-fashioned glass)

스템웨어

① 레드 와인 글라스(red wine glass)
② 샴페인 프루트(champagne flute)
③ 화이트 와인 글라스(white wine glass)

●● 글라스웨어에 관한 에티켓

- 와인잔은 볼(bowl)의 1/3 정도만 따르며, 와인을 따라 줄 때에는 글라스를 들어 올리지 않는다.
- 와인을 마시기 전에는 가볍게 냅킨으로 입을 닦아 와인잔에 기름기가 묻지 않도록 한다. 만약 묻었을 때에는 엄지손가락으로 가볍게 닦으면서 마신다.
- 손에 의해 와인이 데워지지 않도록 와인잔은 스템을 잡는다.
- 브랜디(코냑)는 손의 체온으로 데워가며 음미한다.

브랜디 글라스

이를 위하여 브랜디 글라스를 잡을 때에는 스템을 손가락 사이에 끼우고 브랜디 글라스 볼의 바닥을 감싸듯이 쥔다.

(5) 센터피스(centerpiece)

센터피스는 음식과는 상관이 없지만 꽃이나 과일로 식탁 위를 장식해 식욕을 돋워주고 촛대나 소품으로 식탁의 분위기를 연출하는 역할을 한다. 테이블의 기본 요소 가운데 공간 연출에 있어 매우 예술적이고 연출자의 개성을 잘 표현할 수 있는 요소라 할 수 있다.

크기에 따라 부르는 방법으로는 인형과 새, 작은 동물상 등을 휘기어(figurement)라 부르고, 캔들이나 꽃병 등 큰 것은 센터피스에 포함된다.

휘기어 네프 'NEF' 첼리니의 소금 그릇(1543년)

센터피스는 테이블 세팅을 하는 데 있어서 아주 중요한 역할로 즉 인상깊게 한다든지 영원히 잊히지 않는 식탁으로 보인다든지 하는 중요한 역할을 한다. 19세기경까지는 식탁 중앙에 그 집의 가보를 순번으로 장식하여 손님에게 경의를 표하였으며 금은세공품이 주가 되었다. 현재는 흔히 식탁화(table flower)를 중심으로 장식하고 그 외에는 소금, 후추 등의 양념 그릇을 장식으로 놓고 파티의 목적에 맞는 소품이 있으면 장식하여 테마를 확실하게 손님에게 전달한다든지 손님의 분위기에 맞추어서 여러 가지 방법으로 장식한다.

센터피스의 소재는 계절감을 살릴 수 있도록 선택하고 일정한 높이보다는 높낮이를 주어 역동감을 주는 것이 좋다. 센터피스의 높이는 상대방의 시선을 방해하지 않는 높이여야 한다.

다양한 센터피스

●● 센터피스에 관한 에티켓

- 식탁화를 선택할 때에는 향이 진하지 않아야 하고 꽃잎이 날리지 않는 것이 좋다.
- 식탁화로 하나의 큰 장식을 만드는 것보다 때로는 여러 개의 작은 꽃묶음으로 배열하거나 작은 볼 안에 꽃잎을 띄우는 것을 고려해 본다.
- 초를 사용할 때에는 촛농이 떨어지지 않도록 하고 향이 없는 것으로 한다.
- 초의 불꽃이 식사하는 사람의 눈높이를 가리지 않도록 하고, 어두워진 이후에만 사용한다.

Food coordinate

03 테이블 세팅

테이블 세팅의 본래의 의미는 식탁에 필요한 도구인 테이블웨어를 식탁 위에 차려놓는 방법을 말하며, 역시 테이블 코디네이트와 혼용하여 쓰기도 한다. 테이블 세팅은 매우 단순한 배열부터 형식적인 배열까지 어떤 것이든 포함한다. 엄밀히 말하자면, 약식의 테이블 세팅은 단지 나이프, 포크와 냅킨만으로 구성되며 여기에 필요에 따라 식기, 글라스웨어, 커틀러리를 추가하여 테이블 세팅을 완성한다.

테이블 세팅의 순서는 냅킨과 접시를 테이블의 정해진 지점에 놓음으로써 시작된다. 그 다음에 디너웨어를 테이블 위에 놓는다. 포크는 왼쪽에, 나이프는 날이 접시 쪽을 향하도록 오른쪽에 놓으며, 놓는 순서는 안쪽부터 바깥쪽으로 놓는다. 손님은 반대로 바깥쪽부터 안쪽으로 식기를 사용한다.

(1) 포멀(formal) 테이블 세팅

일반적으로는 약식의 인포멀(informal) 테이블 세팅을 많이 하지만 국가 간의 외교 행사, 결혼식과 같은 경우에는 포멀(formal) 테이블 세팅이 주로 이루어진다. 중앙을 기준으로 좌우 바깥쪽의 커틀러리를 먼저 사용하도록 배치한다. 다음 그림은 영국식 포멀 테이블 세팅에 해당한다. 프랑스식 포멀 세팅에서는 빵 접시(bread plate)와 버터 스프래더(butter spreader)가 생략되어 빵이 바로 테이블 위에 놓이고, 버터는 서빙되지 않으며, 포크의 타인(tine)과 스푼의 볼이 식탁의 면을 향하도록 세팅한다.

① 고블릿(goblet)
② 레드 와인 글라스(red wine)
③ 화이트 와인 글라스(white wine)
④ 빵 접시(bread plate)
⑤ 디너 포크(dinner fork)
⑥ 디저트 포크(dessert fork)
⑦ 디너 플레이트(dinner plate)
⑧ 디저트 스푼(dessert spoon)
⑨ 디너 나이프(dinner knife)
⑩ 수프 스푼(soup spoon)

*디너 포크(dinner fork) : 디너 포크와 디너 스푼은 테이블 포크와 테이블 스푼이라고도 한다.

포멀 테이블 세팅

(2) 인포멀(informal) 테이블 세팅

구미(歐美)에서 가장 흔히 행해지는 인포멀 테이블 세팅의 예를 오른쪽 그림에서 볼 수 있다.

디너 플레이트(dinner plate) 우측에는 디너 나이프(dinner knife)와 수프 스푼(dinner spoon)이 위치하고, 좌측에는 디너 포크(dinner fork)가 놓인다. 디저트 스푼(dessert spoon)과 디저트 포크(dessert

① 디너 포크 (dinner fork)
② 디너 플레이트 (dinner plate)
③ 디너 나이프 (dinner knife)
④ 수프 스푼 (soup spoon)
⑤ 디저트 스푼 (dessert spoon)
⑥ 디저트 포크 (dessert fork)

인포멀 테이블 세팅

fork)가 플레이트 위로 가로질러 놓이는데, 포크는 우측을 향하게 하고 스푼은 포크 위로 좌측으로 향하게 한다.

●● 일반적인 테이블 세팅의 순서
① 언더클로스를 깔고 그 위에 테이블클로스를 씌운다.
② 개인 식공간 앞자리에 프레젠테이션 접시나 디너 접시 등을 메뉴와 격식에 따라 세팅한다.
③ 메뉴와 격식에 따라 커틀러리를 놓는다.
④ 메뉴에 따른 글라스웨어 세팅(레드 와인, 샴페인, 고블릿 등)
⑤ 장식품 세팅 등
⑥ 모든 세팅이 끝나면 깨끗하게 정돈된 냅킨을 세팅한다.

Food coordinate

04 동서양의 식문화와 상차림

(1) 한 국

●● 한국 식문화의 역사

- 삼국시대 : 주식(곡류), 부식(야채)의 개념이 발생하였으며 술, 장, 김치, 젓갈 등의 농산물 가공법이 발달하였다. 고구려에서 처음 중국을 통하여 불교가 도입되면서부터 차를 마시기 시작하였고, 식기 및 다기의 발달, 콩 조리법 개발 등을 가져왔다. 불교의 영향으로 살생을 금하는 계율이 식생활에 커다란 변화를 주었다.

- 고려 : 권농정책을 시행하여 농기구의 발달을 가져왔다. 삼국시대 이후의 불교의 전래, 보급으로 통일신라시대부터 고려시대 중기에 걸쳐 정진식(精進食)이 권장되었고, 식생활에서 육류조리법이 쇠퇴하게 되었으며, 채소 중심의 식단과 사찰음식이 발달하였다. 고려 말기에 이르러 원(元)나라의 영향을 받게 되고 교류가 증가하자 삶은 고기, 순대와 같은 육식이 널리 보급되었고, 설탕, 후추, 포도주 등이 도입되었다.

또한 찐빵과 같은 밀가루 음식이 성행하였으며, 간장, 된장, 김치와 같은 발효식품이 유행하였다. 이 시기에 우리 음식의 조리법이 완성되었다.

- **조선** : 숭유억불정책을 펴 음차 습관이 사찰에만 주로 남게 되었다. 유교의 영향으로 상례, 제례, 혼례 등의 의례식이 등장하였고, 남녀겸상이 없어지게 되었다. 또한 시·절식, 향토음식, 궁중음식의 구분도 뚜렷해졌다. 조선 후기에는 남방으로부터 토마토, 호박, 완두, 옥수수, 감자, 고추, 고구마 등이 전래되었고, 특히 고추가 김치에 쓰이면서 오늘날의 김치에 가까운 형태가 되었다. 조선시대의 상차림은 제삿상을 제외하고는 온돌의 보급으로 좌식 상차림으로 정착되었다.

 한식의 특징

① 주식과 부식의 명확한 구분
② 젓가락과 숟가락을 사용
③ 갖은 양념
④ 좌식 상차림
⑤ 음식의 모양보다는 맛을 위주로 함
⑥ 음양오행설에 근거한 고명으로 색과 맛의 조화를 표현
⑦ 약식동원(藥食同原) 사상 : 먹는 음식이 곧 약이 된다는 사상
⑧ 유교의 영향으로 의례식 발전
⑨ 철에 따른 시식(時食)과 절식(節食)
⑩ 사계절의 변화에 맞춘 저장 음식의 발달
⑪ 발효식품(김치, 된장, 간장 등)

●● 한식 상차림

*전통 한식 상차림의 기본구성

반상은 주식류와 찬품을 한 상에 배선하는 방법을 말하며, 주식이 되는 음식의 종류에 따라 반상, 죽상, 장국상(면상, 만두상, 떡국상)으로 나뉜다. 그 외에 술을

한식 다과 상차림

대접하기 위한 주안상, 경사가 있을 때 여러 사람이 먹을 수 있도록 큰 상에 차리는 교자상, 후식상인 다과상, 절기마다 먹는 시·절식 등이 있다.

일반적인 밥상을 반상이라 하고, 상을 받는 사람의 지위에 따라 궁중에서는 수라상, 양반가에서는 진지상, 서민들은 그냥 밥상이라고 하였다. 반상에 올리는 모든 그릇에는 뚜껑이 있고 반찬은 쟁첩에 담았다. 반상의 첩수는 쟁첩에 담는 반찬의 수에 따라 3첩, 5첩, 첩, 9첩으로 나누며, 밥, 국, 김치, 찌개, 찜 등과 장류는 첩수에 들지 않는다. 서민들은 3첩, 5첩, 7첩 반상 형식을, 사대부는 7첩, 9첩 반상 형식을, 궁중에서는 12첩 반상의 형식을 따랐다.

반상기의 재질은 대부분 유기나 도자기를 사용하고 여름철에는 주로 도자기를, 겨울철에는 주로 유기를 사용하였다. 음식의 종류에 따라 그릇의 명칭도 달라져서 밥은 사발(주발), 국은 탕기, 찌개는 조치보, 김치는 보시기, 장은 종지, 반찬은 쟁첩, 숭늉은 대접에 담는다.

*한식 상차림의 기본요소

한국의 전통적인 상차림은 독상이었으며 주로 소반을 사용하였다. 소반은 그 형태와 생산지 등에 따라 종류를 나눌 수 있는데, 형태에 따라 책상반, 원반, 팔모반, 개다리소반, 호족반 등 여러 종류가 있으며, 생산지의 이름을 따라 해주반, 통영반, 나주반 등 다양하게 나뉜다. 부엌에서 차린 소반을 방으로 옮겨야 하는 주택구조 탓에 장식적인 요소의 사용은 제한적일 수밖에 없었지만, 소반 자체의 조형미와 옻칠의 아름다움은 도자기나 유기와 같은 전통 식기와 잘 조화를 이루었기 때문에 전통 한식 상차림에서는 린넨을 사용하지 않았다.

그러나 현대적 한식 도자 상차림에는 광목, 비단, 마와 같은 천연소재의 옷감이나 한지를 사용하여 한국의 정취를 잘 살리는 것이 좋으며 사용된 식기의 형태나 재질에 따라 적절한 색상을 선택하도록 한다.

주로 청자, 백자, 분청사기 등의 도자기들을 식기로 사용한 도자상차림이 일반적이다. 이때 사용되는 도자기들은 형태나 문양에 있어서 주발, 탕기, 대접 같은 전통식기의 형태나 과거의 전통적인 문양에서 벗어나 서양식기의 형태를 따르거나 또는 독창적인 모습으로 변화하고 있으며, 이외에도 칠기, 유기 등이 식기로 이용된다.

전통적으로 우리나라에서는 커틀러리, 글라스웨어가 발달하지 않았고 종류도 많지 않으나 현대적 한식 상차림에는 식기와 메뉴에 따라 다양한 아이템들을 활용할 수 있다. 센터피스로는 우리의 명절의 유래와 전통놀이를 활용한 소재를 선택하거나 계절감을 느낄 수 있는 한국적인 꽃, 야채, 과일 등을 활용하는 것이 좋다.

●● 테이블 매너

우리의 전통 테이블 매너는 서양의 식사 문화와는 달리 대화를 통한 즐거움 등은 배제되었고, 음식 섭취에 목적이 있어 맛있는 음식을 탐하거나 즐거움을 표현하는 것이 터부시되어 왔다.

- 식사 중 이야기하지 않는다.
- 웃어른이 수저 든 후에 먹고, 웃어른이 식사를 마치고 수저를 내려놓은 다음 아랫사람이 식사를 마친다.
- 식기를 들고 먹지 않는다.

- 숟가락과 젓가락을 한 손에 들지 않는다.
- 소리 내어 먹지 않는다.
- 식사 도중에 숟가락에 음식이 묻지 않게 한다.
- 숟가락이나 젓가락으로 반찬이나 밥을 휘젓지 말고, 음식을 골라내거나 양념을 털어내지 않는다.
- 음식을 타박하거나 식기나 수저가 부딪쳐서 소리를 내지 않도록 한다.
- 수저에 음식이 묻어 남지 않도록 하고, 수저를 들고 흔들면서 이야기하지 않는다.
- 식사 후에는 수저를 처음 위치에 가지런히 놓는다.

(2) 중 국

●● 중국 식문화의 역사

- 한(漢, B.C. 206~A.D. 220) : 영양학, 약리학을 기초로 일상생활에 밀착한 의식동원(醫食同原)을 추구하기 시작하였다. 곡류를 가루로 내서 음식을 만드는 조리법이 생겨나 떡이나 만두의 음식이 생겨났다. 금, 은, 칠그릇을 만들어 식기로 사용하기 시작하였다.

- 수(隋, 580~617) · 당(唐, 618~907) : 대운하의 건설로 강남의 좋은 쌀이 북경까지 전달되어 화북지방에 식생활의 변화가 일어나기 시작했다. 실크로드를 통하여 페르시아에서 설탕, 와인이 수입되었다. 식사는 1일 2식이었으며, 조리는 원칙적으로 남자의 일이이었다. 이때부터 식사에 젓가락과 숟가락을 세트로 사용하였다.

- 송(宋, 960~1279) · 원(元, 1271~1367) : 송나라 시대의 식문화는 당나라의 연속이었다. 의자에 앉아 식사하는 방식이 정착되었고, 젓가락을 세로로 놓는 풍습이 나타났다. 차를 마시는 풍습이 점차 번성하였고 기법이 복잡해졌다. 원나라 시대에 들어와서 실크로드를 통하여 중국 요리가 서방 세계로 전달되기 시

작하였다. 몽고사람들이 유목민이었으므로 고기 요리, 유제품을 많이 먹었으며, 주로 구워서 먹었는데 이는 기마민족의 특징이다.

- 명(明, 1368~1643)·청(淸, 1636~1911) : 도로, 운하의 건설의 진척으로 각지의 요리재료, 향신료, 과실류가 모여들었고 요리법이 한층 더 발달하였다. 미대륙이 원산지인 땅콩, 감자, 옥수수, 토마토, 고구마가 수입되었다. 또한 건조식품을 잘 불리는 방법이 개발되었다. 1일 3식이 원칙이었으며, 밥과 부식은 젓가락으로 먹고 숟가락은 국전용 도구로 쓰이기 시작했다. 청나라 시대는 중국 요리의 집대성기이며 궁중 요리의 생성기로 요리의 부흥기를 맞게 되었다. 지금의 명물 요리는 이 시대에 생겨난 것이다.

 중식의 특징

① 다양한 기후 : 풍부한 식재료와 다양한 지역요리 발달
② 젓가락과 렝게 사용
③ 곡물 문화
④ 고온에서 단시간 조리
⑤ 모든 재료를 작은 크기로 잘라서 조리
⑥ 일찍부터 도자기가 발달함
⑦ 외식 문화 발달 : 인구가 많아서 집에서 요리하는 것보다 외식이 경제적

●● 중국 요리의 지역에 따른 분류

- 베이징 요리 : 오랫동안 중국의 수도로서 궁중 요리를 비롯하여 고급 요리가 발달하였다. 베이징(北京)은 북방에 위치하여 추운 날씨로 높은 칼로리가 요구되기 때문에, 육류를 중심으로 강한 화력을 이용하여 짧은 시간에 조리하는 튀김 요리와 볶음 요리가 특징이며, 대표적인 요리로는 북경오리구이가 있다. 또한 화북지방은 밀의 산지로 만두, 떡, 과자, 면 등이 발달하였다.
- 난징 요리 : 중국 중부의 대표적인 요리로, 난징(南京), 상하이(上海), 쑤저우(蘇

州) 등지의 요리를 총칭한다. 양쯔강 하구에서는 오래 전부터 풍부한 해산물과 쌀을 바탕으로 한 식생활을 하였다. 이 난징요리 중 서양풍으로 발전시킨 것을 상하이요리라 한다. 상하이는 따뜻한 기후와 풍부한 농산물, 갖가지 해산물의 집산지로서 다양한 요리가 만들어졌고, 특히 이 지방의 특산물인 장유를 써서 만드는 요리는 독특하다.

- 광둥 요리 : 중국 남부의 광저우(廣州), 푸젠(福建) 지방의 요리를 말한다. 광저우(廣州)는 16세기 이래로 외국과의 교류가 빈번하여 전통적인 요리와 국제적인 요리관이 정착되어 독특한 특성을 이룩하였다. 사람들은 일찍부터 이 고장을 가리켜 '식재광주(食在廣州)'라 하였다. 남쪽의 더운 지방인 광저우의 요리는 재료가 가지고 있는 자연의 맛을 잘 살려 내는 담백한 것이 특징이다. 볶음에서는 재료가 지니고 있는 자연의 맛을 살리기 위해 재료를 지나치게 익히지 않고 비교적 간을 싱겁게 하며 기름도 적게 사용하였다.

- 쓰촨 요리 : 양쯔강 상류의 산악지대의 쓰촨(四川)은 내륙에 위치하여 더위와 추위가 심한 탓에 악천후를 이겨내기 위해 향신료를 많이 쓴 요리가 발달하였고, 매운 요리와 마늘, 파, 고추를 사용하는 요리가 많다. 소금절이 등 보존식품이 발달하여 채소를 이용한 자차이(搾菜) 같은 특산물이 있다. 산악지대의 암염은 소금절이에 쓰였고 신맛과 매운맛, 톡 쏘는 맛과 향기가 기본을 이루었다. 두부와 다진 고기를 이용한 마파두부가 유명하다.

중식 상차림

*전통 중식 상차림의 기본구성

보통 한 탁자에 여덟 가지, 열 가지 등 짝수로 가짓수를 맞추어 준비하며 차가운 음식에서 점차 따뜻한 음식으로 대접한다. 일반적으로 연회상의 메뉴와 식사 진행 순서는 다음과 같다.

처음에는 치엔차이(前菜)로 차가운 음식이 나오고, 이어서 상어지느러미와 같은 따뜻하고 부드러운 토우차이(頭菜), 그 다음 따차이(大菜)로는 해물 요리, 고기 요리, 두부 요리, 야채 요리 순으로 제공되며, 이후 탕차이(湯菜)로 수프 종류, 떼엔신(點心)으로 만두나 밥 종류 등이 이어진다. 마지막으로 티엔차이로 단맛의 후식과 과일이 나온다.

테이블에 세팅해야 하는 것으로 젓가락, 젓가락받침, 장식접시, 1인용 서비스 접시, 조미료접시, 냅킨, 렝게, 렝게받침 등이 있다. 중앙에 받침접시(service plate saucer)가 놓이며 그 위에 냅킨을 얹어 놓는다. 받침접시 앞쪽이나 우측에 젓가락과 스푼이 놓인다. 렝게를 사용할 경우 받침접시와 젓가락 사이에 놓인다. 음료용 글라스는 받침접시의 오른쪽 바깥쪽에 놓는다. 원형탁자가 놓인 별실의 경우 안쪽이 상석이고 입구 쪽이 말석이다.

원형의 회전탁자는 넓은 궁중에서 생겨난 중국 요리 특유의 것으로, 큰 접시가 회전탁자 위에 있으면 호스트는 공동젓가락을 갖춰 손님 앞쪽으로 돌려서 보내든가 앞접시를 회전탁자를 이용해 손님 앞으로 보낸다. 회전탁자가 돌아서 자기 앞에 요리가 오면 1인분 정도를 덜고 요리가 다음 사람 앞으로 가게 적당히 회전탁자를 돌린다.

회전탁자가 세팅된 고급 중식당

*중식 상차림의 기본요소

과거에는 사각형 탁자를 주로 사용하였으나 근래에는 원탁을 많이 사용한다. 젓가락은 나무, 참대, 상아 등으로 만든 것을 사용하고 세팅할 때에는 주로 가로로 놓게 된다. 렝게는 손잡이가 오른쪽으로 가게 놓는다. 린넨은 서양 테이블 세팅과 큰 차이가 없으나 흰 테이블클로스를 깔고 그 위에 중국 전통 문양이 들어간 화려한 원색의 러너나 플레이스 매트로 색상을 강조하기도 한다. 중국 고유의 풍습에서 유래한 소재나 전통적인 소품을 활용하여 센터피스로 한다. 야채나 과일을 사용한 푸드 카빙(food carving)으로 접시들을 장식하거나 용, 새 등을 조각하여 센터피스로 활용할 수도 있다.

디너웨어로는 백자, 청자, 청화백자 등의 중국 도자기들을 사용하는 것이 일반적이나 그 자체로 너무 장식이 강하여 다른 아이템들과의 조화를 잘 고려하여야 한다.

중식 상차림

●● 중국의 테이블 매너

식사 중에 젓가락을 사용하지 않을 때에는 접시 끝에 걸쳐놓으면 되고 식사가 끝나면 젓가락 받침에 놓는다. 수프를 먹을 때 렝게만으로 먹어도 되고, 국물이 있는 뜨거운 요리를 먹을 때에는 왼손에 렝게를 쥐고 오른손에 젓가락을 이용, 요리를 렝게 위에 얹어 식혀가며 먹을 수 있다.

- 생선을 윗부분에 살이 없다고 뒤집어 놓지 않도록 하며, 껍질이나 뼈는 입 속에 가려 젓가락으로 꺼내며 접시에 입을 대고 뱉는 일은 삼가야 한다.
- 밥, 면, 탕류를 먹을 때 고개를 숙여 식사하는 것은 돼지라 여겨 고개를 숙이지 않고 그릇을 받쳐 들고 먹는다.
- 꽃빵은 젓가락으로 찢어 다른 요리와 함께 먹는다. 우선 꽃빵을 개인접시에 담고 젓가락으로 벌려가며 적당한 크기로 나눈 뒤 고추잡채와 같이 싸서 먹거나 볶음 요리의 소스에 발라 먹는다.
- 차를 마실 때에는 받침까지 함께 들고 마신다.
- 숟가락은 탕을 먹을 때만 사용하며 요리나 쌀밥 또는 면류를 먹을 때는 반드시 젓가락을 사용하는 것이 관습화되어 있는데, 이는 사용하고 난 수저를 다른 사

람에게 보이지 않는 것을 예절로 보기 때문이다.
- 특별한 경우를 제외하고 이미 사용하고 있는 밥그릇 외에 또 다른 밥그릇을 사용하지 않는다.
- 밥그릇을 식탁 위에 엎어 놓거나 밥 위에 젓가락을 꽂아 놓지 않는다.
- 술잔을 사이에 두고 젓가락을 하나씩 양쪽에 놓지 않으며 젓가락의 길이가 다른 것을 사용하지도 않는다.
- 식사 후 주인은 손님들에게 여러 가지 음식을 싸서 돌아갈 때 나누어 주는 관습이 있다.

(3) 일본

●● 일본 식문화의 역사

- 아스카 시대(飛鳥, 6세기 후반~7세기 중반) : 식사의 횟수는 두 끼가 기본이었고 쌀로 술을 만들어 먹게 되었다. 감주, 탁주, 곡장, 육장(젓갈), 초장(절임) 등의 식품가공 기술이 발달하였고, 대륙에서 요업 기술이 도입되어 도기를 제작하였다.
- 나라 시대(奈良, 710~794) : 백제에서 전해진 불교의 영향으로 육식이 금지되었으나 유제품은 사용되었다. 이때의 육식금지령이 메이지 시대까지 천년 이상 지속되었다. 당나라 문화가 유행하면서 음식 문화에도 영향을 주었다. 젓가락이 일반화되고 건조식품이 보급되었다.
- 헤이안 시대(平安, 794~1194) : 일본의 고대 말기로서 이 시기에 무사정권 기초가 확립되고 봉건제가 형성되었다. 전통적으로 전해오는 요리기법에 중국에서 도입된 요리기법을 가미하여 요리의 형식을 정비하였다. 대향(大饗)이라는 궁중 귀족의 향연이 성행하였고, 식기도 세련되게 발달하였다. 당나라의 영향으로 만두와 당과자를 만들기 시작하였다.
- 가마쿠라 시대(鎌倉, 1192~1333) : 무사계급의 등장으로 소박한 요리, 실용적

식사를 하였으며, 귀족계급은 세 끼를 하게 되었다. 선종(禪宗)의 보급에 의해 쇼진 요리가 성행하였고 귀족의 문화로서 식사 매너와 다도 예절이 발달하였다. 쇼진 요리는 절에서 수행 중인 승려의 일반식으로 야채 중심의 요리이다.

- **무로마치 시대(室町, 1338~1573)** : 무사사회와 귀족사회가 교류하면서 무사사회의 식생활도 서서히 형식적인 양상을 보이게 되었다. 의례적인 음식상으로 혼젠 요리는 일본 정식 상차림으로 궁중연회, 관혼상제의 기본이 되는 요리이며, 1즙 3채(밥, 국, 일본식 김치)가 기본이 된다. 카이세키(懷石) 요리는 다도 전 허기를 달래는 정도의 요리를 말한다.

- **아츠치 모모야마 시대(安土桃山, 1573~1600)** : 서민들에게도 다도문화가 유행하여 카이세키(懷石) 요리가 왕성해져 갔다. 중국, 네덜란드, 포르투갈 등으로부터 전래된 요리의 영향으로 싯포쿠 요리 등이 생겨났다. 싯포쿠 요리란 식탁에 놓인 요리를 가리키는 것으로 중세 말에 중국에서 전래된 중국 가정식 요리이다. 의식 요리 등이 더욱 정비되었으며 음식의 종류의 다양화가 이루어졌다.

- **에도 시대(江戶, 1603~1867)** : 각 시대에 발달한 요리의 내용, 형식 등을 흡수, 소화하여 일식이 완성된 식문화 집대성이 이루어진 시대이다. 사회의 안정을 바탕으로 의식이나 다도 이외에서도 요리를 먹게 되었으며 세 끼가 일반화되었다. 요정 요리의 종류인 카이세키(會席) 요리가 시작되어 현대의 일본 요리가 완성되었다. 카이세키 요리는 1629년 교토에서 시작되어 하이꾸(시조 읊는) 모임을 모태로 발달되었으며 다양한 술과 함께 나오는 요정 요리이다.

- **메이지 시대(明治, 1868~1912)·다이쇼 시대(大正, 1912~1926)** : 당시 서구인에 비하여 체구가 작아 열등감이 심하였고 서구 문화를 도입하려는 욕구가 강하였던 일본은 메이지 5년에 육식금지를 해제하였다. 또한 문명이 개화됨에 따라 서양요리가 들어와 식생활이 서구화 되는 등 큰 영향을 주었다. 서민들도 평등한 식생활을 하게 되었고, 커틀릿, 크로켓, 오믈렛 등의 새로운 메뉴가 등장하였다.

> ### 일식의 특징
>
> ① 쌀을 주식으로 하고, 농산물과 해산물을 부식으로 함.
> ② 계절풍이 많고 4계절의 구별이 뚜렷하여 다양한 음식 재료 사용(해산물 풍부)
> ③ 계절의 표현 풍부
> ④ 젓가락만 사용
> ⑤ 좌식 테이블
> ⑥ 개별식(個別式)
> ⑦ 지형적 특성 뚜렷(관서풍, 관동풍)
> ⑧ 필요한 만큼 간결하게 차림.
> ⑨ 다양한 식기(칠기, 도자기, 대나무, 유리 등)
> ⑩ 재료의 본맛을 살려 조리하며 향신료를 별로 쓰지 않음.
> ⑪ 외형의 아름다움을 존중, 그릇과의 조화를 중시
> ⑫ 육식문화가 발달하지 못한 대신 콩 소비 중심의 식생활 문화 정착(두부, 낫도, 미소)

●● 일본 요리의 지역별 분류

- **관동 음식** : 도쿄지방의 요리로 의례 요리가 발달하였다. 설탕과 진한 간장을 써서 음식의 맛을 진하게 낸다. 따라서 관동지방의 조림은 짭짤하고 형태를 유지하기 어려우며 국물이 거의 없다. 국물을 내는 다시에는 가다랑어 등이 이용된다. 생선초밥, 덴뿌라, 민물장어, 메밀국수가 대표적인 음식이다.

- **관서 음식** : 관서지방은 전통적으로 일본 요리가 발달한 곳으로 교토의 담백한 채소, 건어물 요리와 오사카의 실용적 생선 요리가 주종을 이룬다. 관동 요리에 비하여 설탕을 비교적 덜 쓰고 소재의 맛을 최대한으로 살리는 연한 맛이 특징으로, 카이세키(會席) 요리가 중심이 된다. 음식의 맛은 연하면서 국물이 많고, 재료의 색과 형태를 최대한 살려 요리한다. 국물을 내는 다시에는 멸치, 다시마 등이 이용된다.

●● **일식 상차림**

*전통 일식 상차림의 기본구성

　카이세키 요리는 오늘날 일본의 연회에서 볼 수 있는데 복잡한 일본 전통의례 요리인 혼젠(本膳) 요리를 간소화한 코스 요리를 말한다. 일명 식미본위(食美本位), 즉 보아서 아름답고 냄새를 맡아 향기로우며 먹어서 맛있는 것을 전제로 하는 요리를 의미한다. 흔히 음식점이나 호텔 등에서 접할 수 있는 요리의 대부분이 바로 이 카이세키 요리로서, 1즙3채, 1즙5채, 2즙5채 등으로 이루어지는데 손님의 취향과 구미에 맞추어 계절감 있게 메뉴를 구성한다.

　일본 상차림은 우리나라와 같이 밥상과 밥그릇, 국그릇, 종지, 보시기, 접시 등으로 차려지고 숟가락은 없으며 젓가락만을 사용한다. 접시는 튀김, 무침, 구이, 회, 조림 등 요리에 따라 예술적이며, 상은 한국상보다 높이가 낮다. 일식에서는 소반 위에 젓가락과 음료용 컵을 세트해 놓는다. 젓가락은 앞쪽에 옆으로 놓이며 바깥쪽에 차가운 술을 위한 컵, 젓가락에 반쯤 걸치게 해서 놓는 작은 사기술잔, 컵받침 위에 맥주컵 등을 각각 엎어서 놓는다.

일식 상차림

*일식 상차림의 기본요소

　한국의 소반보다 높이가 낮은 일본의 전통상은 역시 칠기로 제작되었기 때문에 테이블클로스를 사용하지 않았으나 현대에는 서양의 테이블클로스 사용에 준한다. 플레이스 매트는 서양식을 쓰기도 하고 일본 전통상의 상판 모양을 하고 있는 칠기매트를 쓰기도 한다. 일본 전통의 소재와 문양으로 일본의 이미지를 표현할 수 있는 린넨을 쓰는 것도 좋다.

　식기로는 도자기로 된 밥그릇, 칠기로 만든 국그릇을 주로 쓰며, 다양한 색상과 문양의 그릇이 발달한 것이 특징이다. 숟가락은 없이 젓가락만으로 세팅하나 일본풍의 젓가락 받침대로 묘미를 살리기도 한다. 센터피스로는 계절감을 줄 수 있는 과일, 꽃 등으로 장식하는데 도자기나 칠기 제품으로 된 화기를 활용한다.

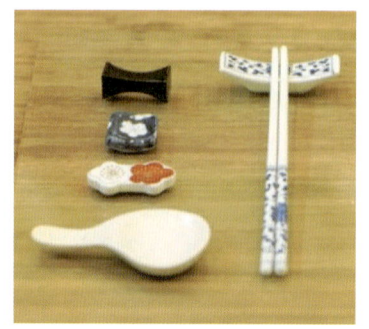

젓가락 받침대

●● 일본의 테이블 매너

- 주인은 손님에게 먼저 식사를 권하고 시작한다.
- 경사 때에는 밥부터 먹고, 흉사 때에는 국부터 마신다. 그릇의 뚜껑은 밥, 국, 보시기의 순으로 여는데, 밥공기의 뚜껑을 오른손에 쥐고 왼손을 대어 왼쪽에 놓는다.
- 밥을 먼저 먹을 때에는 밥공기를 왼손 위에 들고 밥 한 젓가락을 먹은 다음 밥공기를 상 위에 놓고 국그릇을 들고서 한 모금 마신다. 이때에 젓가락은 국그릇 안에 넣어 적당히 세워서 들고 먹는다. 이것은 국건더기가 자연적으로 입에 들어가는 것을 막기 위함이다. 그리고 국물을 마시고 젓가락으로 국건더기를 한 젓가락 건져서 먹는다.
- 국건더기를 건져 먹은 다음 국그릇을 상 위에 놓는다. 그리고 밥을 한 젓가락 먹고 그 후로는 자유로 자기가 원하는 반찬을 먹는다.
- 국물이 떨어질 염려가 있는 것 또는 멀리 있는 것은 더는 접시에 덜어 담아서 먹는다.
- 식사가 끝나면 뚜껑을 덮어서 놓는다.
- 상에 나온 음식에 대하여 새로 간을 맞추지 않는다.
- 식사 때의 앉는 자세는 똑바로 하고 그릇을 입에 가까이 대고 먹는다.

- 식기를 놓는 소리, 국물을 마시는 소리 또는 음식을 씹는 소리를 내지 않는다.

(4) 서 양

●● 서양 식문화의 역사

- 르네상스 시대(Renaissance, 14~16세기) : 14세기 이태리에서 시작하여 15~16세기까지 유럽을 지배한 사조로서, 개성을 존중하고 과학과 휴머니즘을 표방하는 인문주의의 탄생을 가져왔다. 르네상스 양식은 간소, 견고, 중후한 특징이 있으며, 식도락 문화의 큰 발전이 있었던 시대였다. 이 시기에 프랑스 왕가로 시집온 베니스 메디치 가의 카트린느(Catherine de Medicis) 공주에 의하여 포크의 사용이 일반화 되고 테이블 매너가 정교해졌다.

접시, 15세기 (1486~1487)
이탈리아, 페사로

술잔, 16세기 (1532~1533)
프랑스, 파리

Catherine de Medicis
프랑스 앙리 2세의 왕비
(1519~1589)

- 바로크 시대(Baroque, 1620~1700) : 고전의 엄격성과 정신적 측면의 결여에 대한 반동으로 발전하였다. 바로크는 프랑스의 루이 14세 때 전성기를 맞이하였고, 이후 로코코 양식으로 넘어간다. 바로크 양식의 키워드는 장대함, 질서, 남성적, 대칭성 등이다. 식탁 예절은 개인주의화되고 우아하고 세련되어졌다. 공개 회식뿐만 아니라 집안에서 소인원수로 서로 마주 보고 앉아 식사하는 스

타일이 생겼으며 이 식사 스타일은 서비스의 방법에 변화를 주어 프랑스식 서비스로 발전하였다. 프랑스식 서비스에는 테이블 좌우에 대칭으로 요리가 나오고, 일품씩 순서대로 나오는 것이 아니라 한번에 꽉 차게 요리를 나열하였다. 이는 호화롭고 세련된 서비스이었지만 음식이 식는 문제가 있었고, 궁정이나 귀족계층에서만 행해졌다. 또한 이 시기에 개인용 접시와 포크의 사용이 일반화되었고 여행 시에도 식기 한 벌(포크와 칼)을 챙기기 시작하였다.

바로크 시대의 거실

로코코 시대의 거실

- **로코코 시대 (Rococo, 1715~1774)** : 오를레앙공 필립의 섭정시대(1715~1723)와 루이 15세(1723~1774)의 재위 시기이다. 로코코 양식은 경쾌, 곡선, 우아, 비대칭, 여성적, 자연적인 특징을 지닌다. 루이 14세 시대의 무거운 궁중 요리와 같은 격식 중시에서 벗어나 자유롭고 친밀한 분위기의 야찬(souper)이 유행하는 등 살롱 중심의 문화가 발달하였다. 저택 안에 식사 전용의 식당이 생기고 원형 테이블이 사용되었다. 넉넉한 재정을 바탕으로 화려한 테이블클로스, 금은으로 만든 커틀러리가 사용되었으며, 식도락을 추구하는 미식학(美食學)의 시대였다. 루이 15세의 애첩이었던 퐁파두르(Marquise de Pompadour)의 영향으로 세브르 자기(porcelaine de Sèvres)가 만들어졌다.

- **신고전주의 시대(1774~1824)** : 프랑스 루이 16세, 나폴레옹, 루이 18세의 재위 기간이다. 이 시기에는 폼페이 발굴과 같은 중요한 고고학적 발견으로 말미암아 이태리, 그리스, 이집트의 고대 양식에 대한 관심이 증대되었고, 로코코의 지나

퐁파두르 부인(1721~1764)　　테이블(1762~1763), 프랑스, 파리　　세브르 자기

친 장식에 대한 반작용으로 순수하고 본질적인 조형미를 지향하게 되었다. 신고전주의 양식의 키워드는 장엄, 복고, 단순, 간소, 직선적이라고 할 수 있는데, 이는 루이 16세 때의 악화된 재정을 반영하는 것이기도 하다. 이전의 프랑스식 서비스를 대신하여 러시아식 서비스가 19세기 이후 유럽 식탁문화의 주류로 자리 잡으면서부터 왼쪽에 포크, 오른쪽에 나이프와 스푼이 배열되는 현대의 테이블세팅 형태로 고정되었다. 러시아식 서비스에서는 테이블 위에 음식을 미리 올리지 않고, 주방에서 모든 것을 준비하여 순서대로 일품씩 내어 따뜻한 음식은 따뜻하게 찬 음식은 차게 하여 서빙하였다. 이 때 주방으로부터 웨이터가 고객에게 직접 음식을 서비스하여 전원이 같은 요리를 먹게 된다. 19세기는 프랑스 요리의 황금시대였으며 마리 앙투앙 카렘(Marie-Antoine Carême)과 같은 저명한 요리인이 많이 배출되었다.

- 빅토리아 시대(Victoria, 1837~1901) : 영국 빅토리아 여왕의 재위 기간으로 산업화, 도시화가 진행되었고 부르주아 계급이 탄생하는 등 당시 영국은 역사상 최고의 전성기를 맞이 하였다. 그러나 예술적으로는 과거에 완성된 여러 양식의 무비판적 채용이 절충주의를 낳아 건축과 공예의 양식에 혼란을 초래하였다. 차(茶)문화가 보편화되었고 육류의 역할이 증대되었다.

- 아르누보(Art Nouveau, 1895~1918) : 산업혁명에 의한 대량생산에 대한 반작용과 수공예품에 대한 향수에 의하여 유발되었다. 역사주의로부터 탈피하여 자

연 속에서 모티브(식물 형태의 유연한 선, 당초무늬, 화염무늬)를 얻어 새로운 표현을 하려는 장식미술 운동에서부터 출발하였다. 일본의 개항으로 일본 문화가 유럽에 유입되면서 영향을 주었다. 기능을 무시한 탐미주의 경향으로 비교적 단명하였다.

- 아르데코(Art Deco, 1918~1939) : 아르누보의 환상적이고 쾌락적인 과잉 장식에 대한 반발로 발생하였다. 기하학적 아름다움과 세련미를 바탕으로 한 디자인 양식으로서, 공업적 생산 방식을 미술과 결합시켜 기능적이고 고전적인 직선미를 추구하였다. 도자기, 유리, 금속 등의 공예에서 아르데코가 잘 표현되었다.

주둥이가 넓은 물항아리와 받침접시,
1901, 미국 (아르누보)

은제 볼(bowl) 1920년대 프랑스 (아르데코)

●● 서양 테이블의 기본

*테이블의 구조

성인 4명이 식사하는데 이상적인 식탁의 공간은 가로와 세로가 각각 1.5m×1m 길이가 요구된다. 식탁의 높이는 약 70cm, 의자의 좌석 높이는 약 42cm 그리고 의자 시트의 넓이는 약 45cm가 적절하다.

*공간 분할 및 테이블 기본요소의 배치

테이블 세팅을 할 때에는 테이블을 개인이 사용하는 범위인 개인 식공간

(personal table space)과 다른 사람들과 같이 사용하는 공유 식공간(public table space)으로 나누어 배치한다. 개인 식공간은 가로 45cm, 세로 35cm의 크기가 기본이 된다. 플레이스 매트의 크기는 개인 식공간의 크기에서 비롯된 크기로 개인이 사용하는 기물의 대부분은 개인 식공간의 범위를 벗어나지 않게 세팅한다. 개인 식공간을 제외한 면적을 공유 식공간이라 한다. 30cm 정도의 폭으로 식탁을 가로지르는 공간으로 러너가 놓이게 되는데, 이 위에 샐러드 볼(salad bowl)과 같이 공용으로 사용하는 기물, 센터피스, 초 등을 세팅한다.

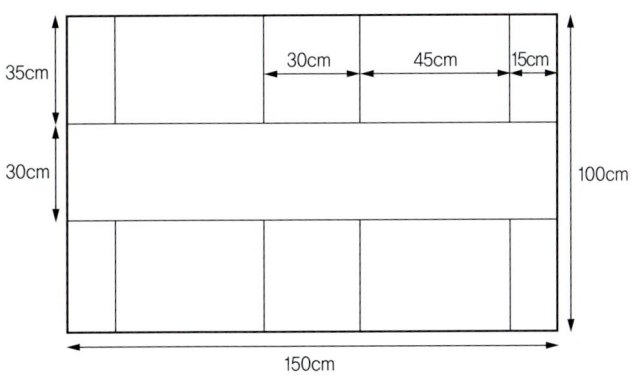

4인용 식탁의 크기와 공간 분할

 서양 식문화의 특징

① 육식 위주의 식사
② 커틀러리(포크, 나이프) 사용
③ 린넨(테이블클로스, 냅킨) 사용
④ 식탁의 사용
⑤ 식사와 직접 관계없는 데커레이션이 발달
⑥ 식사 중 대화 중시
⑦ 식사 예절 중시

백악관의 만찬 테이블

Food coordinate

05 테이블 코디네이트와 스타일

스타일(style)이란 라틴어의 스틸루스(stilus)에서 유래하였고, 원래 문장 쓰는 법 또는 문체를 뜻하는 것이었으나 그 후 예술적 표현 방식을 의미하게 되었다.

테이블의 연출에는 클래식, 엘레강스, 캐주얼, 모던, 에스닉, 젠, 내추럴, 심플 등 다양한 스타일이 있다. 각 스타일은 시대적, 사회적, 또는 지역적인 배경을 지니면서 또한 나름대로의 특징적인 이미지 특성을 보여주기 때문에 테이블 연출에 있어 기본적인 패턴을 제시하고 있다.

그러나 이와 같은 스타일일의 분류는 서양에서 유래하였기 때문에 한식 상차림에는 적용하기에 어려움이 있으며, 또한 전형적인 스타일에 맞추어 테이블을 연출하는 것은 개인의 독창성을 저해할 수 있음을 유념해야 한다.

실제의 테이블 연출에서는 이러한 기본 스타일을 몇 가지 어우러지게 섞어서 융합시키거나 완전히 새로운 스타일을 창조해내기도 한다.

(1) 클래식(classic)

▲ 클래식의 색채

클래식 식공간의 이미지 ▶

　일반적으로 클래식 스타일은 영국의 양식미(樣式美)와 격조 높은 이미지를 연상케 한다. 명품(名品) 테이블웨어와 커틀러리, 벨벳과 실크 섬유, 금색을 배합한 린넨을 사용하여 화려하고 중후한 분위기를 조성하고 세련됨을 기본으로 '전통적이며, 보수적이고, 견고하다' 라는 이미지를 구축한다. 통일과 조화로운 구성 연출에 역점을 두어야 하고 깊이감이 있는 어두운 색을 기조색으로 하고 대비는 약하게 하는 것이 어울린다.

클래식 테이블

(2) 엘레강스(elegance)

▲ 엘레강스의 색채

엘레강스 식공간의 이미지 ▶

　엘레강스는 라틴어 '선발된'의 뜻에서 유래되었고, 우아함, 고상함, 단정함 등의 의미로 쓰인다. 프랑스의 양식미(樣式美)를 이미지화한 것으로 기품 있는 우아미로 세련된 성인 여성을 연상시킨다. 색의 미묘한 그러데이션을 기조로 아름다운 곡선과 섬세한 자수, 레이스 등 우수한 품질의 고급 소재를 조화시키는 것이 어울린다. 약간 그늘진 듯, 부드러운 곡선이 흐르는 듯, 안개와 빛이 유리로 투과되는 듯 대비(contrast)가 강하지 않고 은은하게 연출하는 것이 좋다. 로맨틱한 스타일의 파스텔 톤에 회색 계열의 중후함을 가미하면 고급스러운 이미지를 연출할 수 있다. 적자색계와 보라가 대표적인 색이며, 색상의 수를 줄이고 부드러운 톤으로 연출하도록 한다.

엘레강스 테이블

(3) 캐주얼(casual)

▲ 캐주얼의 색채

캐주얼 식공간의 이미지 ▶

'우연의', '되는 대로의', '우발적인', '약식의(informal)'의 의미를 가지며, 양식이나 모양, 격식의 구애 없이 자유로운 발상의 연출을 말한다. 편안하고 개방적인 느낌이 포인트이다. 패션용어로는 '가벼운, 편안하다'는 의미로 평상시에 입는 옷이라는 뜻을 갖는다. 다양한 시도가 가능하고 실용적이고 편안한 분위기의 연출에 적당하다. 밝고 선명한 색상과 화사한 느낌 등으로 다양한 연출이 가능하다. 폭넓은 색상의 선택이 가능하지만 채도가 높은 맑은 색(백색이나 부드러운 아이보리색)을 기조색으로 사용하는 것이 좋다. 컬러풀한 소품으로 포인트를 주게 되는데 너무 많은 색상은 산만해지므로 두세 가지 색으로 한정하는 것이 어울린다. 대비가 강한 배색은 긴장감을 초래하므로 주의한다.

캐주얼 테이블

(4) 모던(modern)

▲ 모던의 색채

모던 식공간의 이미지 ▶

　모던이란 '근대의', '현대의', ' 최신의', '새로운'의 뜻을 가진 형용사로서, 새로우며 최신의 사고(思考)나 장치(裝置)와 관계된 것을 말한다. 일반 대중에 의하여 아직 받아들여지지 않은 방식이나 견해를 뜻하기도 하며, 최근에 발전된 예술의 각 분야를 표현하는 방법으로도 쓰인다. 모던 스타일의 이미지는 기계문명과 도회적 감각을 중시한다. 도회적 감성, 하이테크한 분위기를 기본 바탕으로 개성적이고 진보적인 감각의 이미지를 추구한다. 분명한 선, 단순한 디자인(미니멀리즘)이 특징이고 색상은 무채색이나 금속색을 기조색으로 하고 원색 계열로 악센트를 준다. 스테인리스, 아크릴, 고무 등의 소재를 활용하는 것도 좋다.

모던 테이블

(5) 에스닉(esthnic)

▲ 에스닉의 색채

에스닉 식공간의 이미지 ▶

　에스닉의 사전적인 정의는 '인종의, 민족의'라는 뜻이다. 보다 민속적이고 토속적·전통적 개념으로 오리엔탈리즘보다 간결하면서도 부드럽고, 섬세한 이미지로서 원시 자연으로 회귀하고자 하는 인간의 욕구를 충족시킨다. 세계 여러 나라 민족의 생활 풍습, 민속 의상, 장신구, 라이프 스타일에서 영감을 얻어 발전되었다. 에스닉의 이미지는 아프리카 스타일 또는 동남아시아, 남미, 남태평양 국가 등의 민족성과 샤머니즘적, 종교적인 것으로 종합할 수 있다. 색감으로는 그린색이나 강렬한 오렌지색 등의 자연을 닮은 색, 빨강, 검정, 노랑 등의 원색, 흙에 가까운 나무 색상이나 카키색 등이 속한다. 다소 투박하고 거친 느낌이 어울린다.

에스닉 테이블

(6) 젠(zen)

▲ 젠의 색채

젠 식공간의 이미지 ▶

　젠은 불교용어인 선(禪)의 일본식 발음으로 사유수(思惟修), 즉 조용히 생각한다는 것을 뜻한다. 젠 스타일은 1990년대 유럽에서 시작되었으며 서양에서 본 동양사상으로 명상, 절제, 고요함, 자연스러움으로 표현된다. 이러한 젠의 요소들은 패션, 인테리어 등 스타일을 선도하는 모든 분야에서 각광받고 있으며 다시 동양에까지 영향을 주고 있다. 젠의 색채는 흑백, 모노톤 외에 밤색, 카키색, 겨자색, 보라색을 가지고 자연스런 미와 순수하고 단순한 절제미를 보이며, 린넨의 소재는 은은하고 부드러운 느낌으로 자연스러움을 이용한다. 전체 라인은 단순하고 가는 선을 중심으로 스마트한 형태를 강조한다.

젠 테이블

(7) 내추럴(natural)

▲ 내추럴의 색채

내추럴 식공간의 이미지 ▶

　내추럴이라 함은 자연을 이해하고 자연현상에 따른 형태, 구성, 효과 등을 자연의 관점에서 채택하고 응용하려는 제작 태도이다. 자연에 대한 인간의 관심과 애정의 대상이 확대되는 경향에 따라 예술계의 관심도 물과 공기, 흙과 돌, 꽃과 나무, 새와 동물, 넓게는 은하계와 우주에까지 그 영역이 미치고 있다. 계속 보아도 싫증이 나지 않는 자연 색조나 패턴, 얕은 여울이나 시원한 바람 등에서 느껴지는 상쾌한 기분, 따스하고 평화로운 자연풍경 등 자연이 가져다 주는 마음의 평온이 자연주의 이미지의 기본이 된다. 자극적인 색, 순색은 피하고 콘트라스트가 강하지 않은 배색이 좋다. 베이지, 녹색, 갈색, 채도가 낮은 적색 등으로 연출한다.

내추럴 테이블

(8) 심플(simple)

▲ 심플의 색채

심플 식공간의 이미지 ▶

심플이란 상쾌하고 신선한 이미지이다. 젊고 자유로운 느낌을 준다. 깨끗한 질감의 것이나, 심플한 형상의 것을 조합한 깔끔한 분위기로 연출한다. 색상은 블루 & 화이트를 기조색으로, 쿨 계열의 색상을 균형감 있게 연출한다.

심플 테이블

Food coordinate

06 테이블과 플라워

(1) 센터피스(centerpiece)의 역할

테이블 중앙의 퍼블릭 스페이스(public space)에 장식하는 물건이나 꽃을 총칭하여 센터피스라고 한다. 프랑스어로 미류 드 타블(milieu de table)로 비교적 큰 형태의 장식을 지칭한다.

센터피스의 역할에 있어서는 소재에서 그 계절의 느낌을 살릴 수 있어야 하며, 일정한 높이보다는 높낮이를 줌으로써 역동감을 주는 것이 좋다.

생화를 사용하거나, 과일이나 채소로 응용한 것을 사용하여 개성적인 형태, 향기를 느낄 수 있다.

센터피스의 역사는 러시아에서 식습관에 따라 중앙 공간을 채우기 위한 목적으로 당시 귀중한 향신료나 조미료 등을 식탁 중앙에 장식함으로써 재력의 과시와 부의 상징으로 그 역할을 하였다. 당시의 귀한 향신료, 소금, 후추, 설탕, 과일은 포도나 오렌지 등을 그릇에 담아 장식하였다.

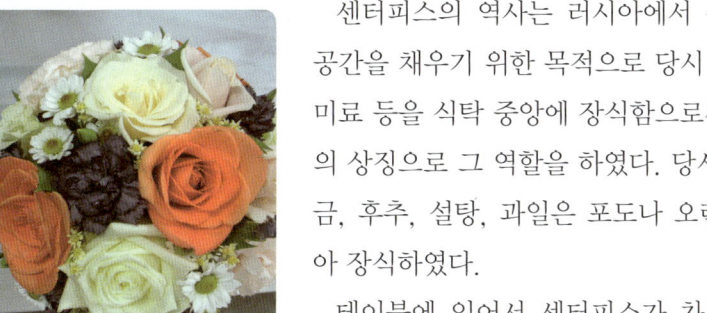

테이블에 있어서 센터피스가 차지하는 범위는 일반

93

적으로 테이블의 1/9을 넘지 않는 범위 내에서 대화에 방해가 되지 않는 높이, 즉 마주 앉은 상대가 가려지지 않는 높이가 적당하다.

다양한 소재가 센터피스에 사용되지만 그 중 가장 대표적인 것이 꽃을 이용한 장식물이다.

시각·미각·후각·촉각·청각의 오감을 만족시켜 식사 시간을 더욱 즐겁게 하고 사람들 간의 원활한 커뮤니케이션 활동이 일어나게 하는 것이 테이블 스타일링의 목적이라고 할 수 있다. 오감 중에서 대부분을 차지하는 것이 시각적 자극으로 얻는 감각이다. 시각적 자극은 테이블 전체의 색감과 형태에서 가장 큰 영향을 받는데 그 중에서도 꽃으로 만든 장식물에서 가장 먼저 영향을 받는다고 할 수 있다.

센터피스는 테이블의 성격을 보여주는 하나의 요소이며 테이블의 콘셉트를 만들어 주기도 한다. 꽃이 가지고 있는 다양한 색과 향이 사람의 시각과 후각을 자극하여 식감에 영향을 미쳐 즐거운 식사 시간이 될 수 있도록 한다.

꽃은 같은 소재라고 하더라도 각각의 색과 모양이 달라 어떻게 디자인하느냐에 따라 다양한 표정으로 연출이 가능하다. 뿐만 아니라 특정 목적을 가지고 꾸민 콘셉트가 있는 테이블이라면 꽃의 역할은 더욱더 커진다. 꽃은 이벤트 연출에 있어 가장 대표적이고 중심적인 기능을 하기 때문이다.

이외에도 플라워 디자인이 상차림에서 가지는 역할은 다양하게 설명 가능하다. 우선 실내에서 계절감을 느낄 수 있게 하고, 플라워 디자인의 입체성으로 테이블 전체를 더욱 풍성하게 보여지도록 한다. 뿐만 아니라 사용된 꽃이 가진 의미나 상징성에 따라 테이블의 성격을 유추해 볼 수도 있고, 살아 있는 식물을 보는 데서 오는 심리적 안정감이 사람의 몸과 마음을 더욱 편안하게 해준다.

(2) 테이블 플라워 디자인의 특성

테이블 스타일링을 구성하는 다른 요소들과 마찬가지로 테이블 플라워 디자인 역시 상차림을 하는 목적과 장소, 시간(계절감) 외에도 식사를 할 사람들의 연령과 취향 등이 고려되어야 한다. 디자인적인 면에서 고려되어야 할 테이블 플라워 디자인의 특성을 살펴보면 다음과 같이 5가지로 나눌 수 있다.

첫째, 심미성이다. 테이블 플라워 디자인의 가장 큰 목적은 아름다운 식탁을 꾸미는 것이니만큼 시각적인 아름다움을 만족시켜야 한다.

둘째, 실용성이다. 디자인적인 측면만 지나치게 강조되면 상차림 본연의 목적이 훼손될 수도 있으므로 미적인 부분뿐만 아니라 실용적이고 효율적 부분도 고려되어야 한다.

셋째, 독창성이다. 핵심적인 디자인 요소이며, 독창적이고 색다른 아이디어로 다른 데서는 볼 수 없는 테이블 플라워 스타일을 만들어 내야 한다.

넷째, 테이블 스타일링 요소들 사이의 질서성이다. 테이블을 꾸미는 여러 가지 요소들 사이의 조형적 요소와 디자인 원리 사이의 조화를 이루어야 한다.

다섯째, 경제성이다. 최소한의 시간과 비용 투자로 최대한의 효과를 얻을 수 있어야 하므로, 다른 디자인 활동에서도 통용되는 특성이다.

(3) 테이블 플라워 디자인에 필요한 꽃의 선택

꽃은 각자 고유의 향을 가지고 있는 식물이다. 거의 향이 없거나 은은한 향을 내는 종류도 있고 릴리, 히아신스, 유칼립투스, 스토크 등과 같이 진한 향을 내는 꽃도 있다. 향이 강한 꽃은 음식의 풍미를 떨어뜨릴 수 있기 때문에 공간 장식이나 뷔페 테이블 또는 중앙에 높게 장식하여 가급적이면 음식과는 가까이 두지 않도록 한다.

반대로 장미나 카네이션 종류는 사계절 볼 수 있는데다 색도 다양하고 향도 진하지 않아 테이블 플라워 디자인에 유용하게 사용할 수 있다. 또한 향이 강하지는 않더라도 쉽게 떨어지는 드라이플라워나 벌레 등이 있는 꽃, 알레르기를 유발시킬 수 있는 소재는 피하는 것이 좋다.

(4) 꽃의 형태

꽃은 그 생김새에 따라 폼 플라워(from flower), 매스 플라워(mass flower), 라인 플라워(line flower), 필러(filler flower)로 나눌 수 있다. 이 중에서 테이블 플라워 디자인에 가장 밀접하게 사용되는 종류가 매스 플라워와 필러 플라워 종류이다. 폼 플라워 종류는 꽃의 형태가 특이하기 때문에 단독으로 한 송이만 사용해도 괜찮고 함께 쓸 때는 다른 것들과의 조화에도 신경을 써야 한다. 잎 소재 중에서도 몬스테라, 엽란, 팔손이잎 등은 테이블클로스 위에 러너나 매트 형태로 사용하면 독특하면서도 자연스러운 분위기의 연출할 수 있다.

●● 플라워 어레인지먼트(flower arrangement)의 구성법

꽃 소재의 4가지 형태를 사용하여 어레인지먼트를 구성한다.

① **라인 플라워(line flower)** : 곧고 긴 줄기가 특징인 라인 플라워(긴 줄기에 열을 지어 핀꽃의 총칭)는 줄기(선)를 이용하여 직선 혹은 곡선의 형태를 구성하는 역할을 하기 때문에 플라워 디자인의 기본 골격이라고 할 수 있다.

② **매스 플라워(mass flower)** : 장미나 국화 등과 같이 한 덩어리로 된 꽃송이나 크고 둥근 형태의 꽃은 그 자체가 양감을 가지고 있어서 작품 구성에서 디자인의 양감을 표현하는 데 효과적이다. 일반적으로 라인 플라워와 함께 폼 플라워

의 중간에 위치하는 꽃이다.

③ 폼 플라워(form flower) : 선이나 면에 변화를 주거나 악센트를 만드는데 효과적인 꽃이 폼 플라워로서 특수한 형태의 꽃이다.

④ 필러 플라워(filler flower) : 안개꽃이나 폴리, 스타치스와 같이 꽃송이 하나하나가 매우 작고 한 줄기 또는 여러 줄기에 꽃들이 피어 있는 것을 말한다. 이런 필러 플라워는 꽃과 꽃 사이의 공간을 메우거나 연결하는 역할을 한다. 특히 입체감을 내는데 중요하게 작용하므로 쓰는 방법을 충분하게 익혀야 한다. 플라워 디자인에서 빼놓을 수 없는 소재로 필러 플라워의 활용에 따라 작품이 더욱 돋보일 수 있다.

(5) 플라워 & 테이블 디자인

① 둥근형(round design) : 화기의 중심을 기본으로 줄기들이 원형으로 사방 뻗어나간 상태이다. 중심 초점을 기준으로 중심 대칭을 이루며 360도 방사형으로 꽂는다. 앞, 뒤의 구분 없이 시각적으로 동일한 비중을 가지고 있어 장소에 구애받지 않고 다양한 장소에 놓아 둘 수 있다. 둥근형은 자칫 단조로워질 수

도 있지만 사용하는 꽃의 구성에 의해서 다양하게 변화시킬 수 있다.

② 반구형(dome design) : 볼의 1/2를 자른 모양을 화기 위에 얹어놓은 모양으로 디자인한다. 기본 초점에서 방사형으로 중심 대칭을 이루어 꽂으며, 간결하고 실용적인 디자인으로 어느 장소에나 어울리지만 캐주얼한 느낌을 살리고자 할 때 특히 잘 어울린다.

반구형

③ 수평형(horizontal design) : 테이블 위의 표면과 수평을 이루도록 해 수평을 강조한 디자인으로, 안정적이고 편안한 느낌을 준다.

④ 토피어리형(topiary design) : 가지를 세우고 그 위에 볼 형태로 꽃을 꽂아 완성하는 디자인으로, 소재로는 꽃이나 잎, 포프리 등을 사용한다.

⑤ 원뿔형(corn design) : 콘 디자인은 둥근형이지만 피라미드와 형태가 비슷한 입체적 수직 이등변 삼각형이라고 할 수 있다. 컬러풀한 꽃을 빽빽하게 꽂고 과일이나 채소 등을 함께 이용하기도 한다. 이 디자인은 풍부하고 화려한 디자인이며 낮고 둥근 용기가 사용된다.

수평형　　　　　　　　토피어리형　　　　　　　원뿔형

TIP

♥ 플라워 디자인 실습 도구
꽃가위, 가시제거기, 와이어커터, 오아시스(플로랄 폼), 리스, 부케홀더, 철사류(와이어류), 리본 류(공단, 레이스, 아세테이트, 실크, 오간디, 비닐(컬링리본)), 라피아(지끈류), 플로랄 폼 테이프, 글루건, 코사지, 타카 등

♥ 꽃 관리
1. 물 속에서 줄기를 자르거나 꺾어서 공기가 들어가지 않도록 한다.
2. 꽃의 수명을 연장시키는 방법
   - 꽃 보관 온도 : 8~11℃ (11월이 가장 예쁘다.)
   - 습도 : 70%
   - 수온 : 꽃의 물올림이 가장 잘 되는 미지근한 물(38~40℃)
   - PH : 4.5 ~ 7
   - 생화 수명 연장제 사용
3. 물올림
   - 줄기는 물의 흡수 면적이 최대한 넓게 되도록 잘라서 즉시 물올림을 해야 한다.(최소 30분 이상)
4. 주의사항
   - 사과를 비롯한 과일과 함께 두지 않는다.
   - 불필요한 잎은 제거한다.
   - 구입한 꽃은 반드시 실내에서 30분 이상 물올림 후 냉장고에 넣는다.
   - 물을 자주 갈아주거나 수명 연장제를 넣어 박테리아의 번식과 부패를 막는다.
   - 꽃을 담는 용기는 항상 깨끗하게 청소한다.

♥ 테이블의 형태와 인원수에 따른 꽃과 촛대의 위치

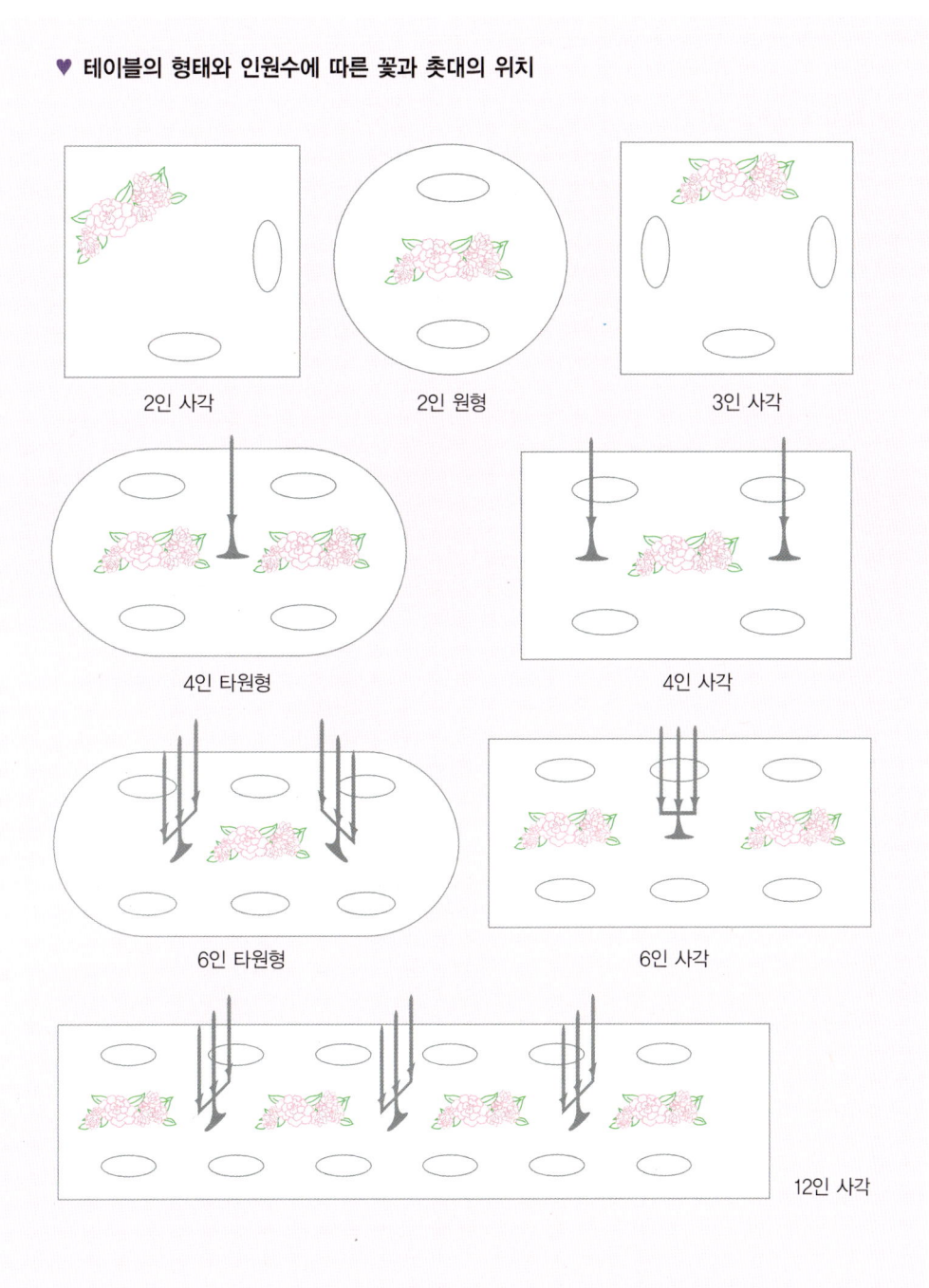

PART 03

푸드 스타일링

Food coordinate

01 푸드 스타일링의 이해

(1) 푸드 스타일링의 개념

푸드 스타일링(food styling)이란 요리의 맛을 사진 또는 영상을 통해 시각적으로 최대한 끌어내어, 보는 사람들의 미각뿐 아니라 시각, 오감 전체를 만족시키는 최고의 비주얼을 만들어내는 광고 요리 사진예술 작업을 뜻한다.

단지 맛있는 음식을 먹고자 하는 것에서 벗어나 시각적으로도 멋스럽게 즐기고 싶은 추세에 따라가는 개념이라고 할 수 있다.

푸드 스타일링은 최근 하나의 트렌드 문화로 자리 잡아가고 있으며, 그 인지도도 높아지고 있는 실정이다.

(2) 푸드 스타일리스트의 영역

푸드 스타일리스트는 사진이나 화면으로 나타나는 요리를 오감을 통해 느낄 수 있도록 신문, 잡지, 광고,

영화, 매체 등에서 일을 하는 전문가를 말하며, 푸드 스타일리스트는 직접 요리도 하고 음식을 담는 그릇도 준비하는 등 다양한 역할을 수행한다.

이러한 프로패셔널한 스타일리스트가 디자인적인 감성으로 기획하여 연출하는 전 과정을 푸드 스타일링이라 할 수 있다.

오늘날에 있어서 음식은 단순히 먹는 것이 아니라 커뮤니케이션의 수단이다. 따라서 푸드 스타일링은 풍요로운 식생활, 다양한 식공간을 제안하는 과정까지도 의미한다.

푸드 스타일리스트의 작업하는 모습

푸드 스타일링은 크게 일반 물리적 환경에서의 스타일링 작업과 인쇄매체 내에서의 스타일링 작업으로 나누어 볼 수 있다.

일반 물리적 환경에서의 작업은 유통, 판매, 소비자센터 등에서 음식분야에 관한 전문 지식을 가지고 식품의 평가 및 감별 등 품질을 평가하는 기능을 가지며, 음식에 대한 정보를 유통, 판매자와 소비자에게 알리는 것을 의미한다. 또한 고객을 대상으로 쾌적한 식사가 가능하도록 식공간을 기획하고 소비자의 불만을 처리하는 활동까지를 포함한다.

이와는 다르게 매체에서 활동하는 푸드 스타일링 작업은 독창성, 전문성, 효율성을 극대화시키는 일이 중요하다. 이는 매체의 특성에 맞는 시각적 이미지의 차별화에 따른 독자적인 개성을 부여하는 것을 의미한다. 이러한 매체의 성격에 맞는 시각적 이미지의 구현을 통해 관심을 극대화시키고 매체로서의 특성을 강화하는 역할이 푸드 스타일리스트의 중요한 기능이라 할 수 있다.

인쇄 매체 내에서의 푸드 스타일링의 과정은 기획 회의, 콘셉트 도출, 정보 분석, 토털 이미지 창출, 콘셉트에 따른 세부 사항 결정, 경비의 산출, 촬영, 기사 작성, 교정지 작업, 책의 배포 및 판매, 상품의 판매 등의 과정을 거친다. 발행인, 에디터 또는 광고주들과 함께 기획 회의에서 콘셉트가 정해지고 정해진 콘셉트에 따라 세부 콘셉트가 정해지면 정보의 수집 및 정리와 사진, 미술 등의 타 분야와의 조율을 거쳐 진행할 아이템 선정, 촬영지의 선정, 대·소도구 등을 준비한다. 이러한 준비 후 촬영을 진행하고 교정 작업을 거쳐 음식 관련 화보 등을 제작하게 된다.

음식 관련 잡지 화보

푸드 스타일리스트는 만들어진 요리를 먹음직스럽고 맛깔스럽게 사진으로 형상화시키기 위하여 그릇에 담거나 주변의 소품을 준비하는 일을 한다.

음식을 그릇에 담을 때 가장 주의해야 하는 점은 색채이다. 미각을 돋구기 위해서 색채는 많은 공헌을 하며 접시 안에 곁들여 있는 색채에 따라 느낌은 변한다. 이런 색채 감각은 일상에서 색을 느끼고, 의식하는 것으로부터 길러진다. 그릇에 음식을 담을 때 황금비율의 적용 여부는 분위기를 바꿔 주는데, 황금비율을 적용하느냐, 하지 않느냐에 따라서 요리는 예술성과 완성도를 달리하게 된다.

이에 푸드 스타일리스트로서 자질을 갖추기 위해서는 세 가지 차원의 전문적인 지식을 습득해야 한다.

첫 번째는 식품영양학과 음식 조리에 관한 이론과 실무를 습득해야 하고, 둘째는 시각디자인, 사진, 색채, 장식, 꽃꽂이 등 장식 예술에 관한 지식을 습득해야 한다. 또한 음식 문화에 관한 전반에 대한 정보와 지식을 습득해야 한다.

이를 반영하듯이 국내에도 푸드 스타일링을 연구하고 교육하는 기관 및 학과가 신설되고 있다. 특히 맞벌이 부부가 늘어나면서 점차 음식 만들기의 담당자였던 전업 주부가 가계를 위해 일하게 되는 시간이 적어지고, 식품이나 음식에 관한 정보를 텔레비전이나 인터넷, 홈쇼핑, 여성지 등 매체를

TV 방송용 푸드 스타일링

통해서 접하게 되는 기회가 많아지면서 음식을 보다 맛있어 보이도록 연출하는 푸드 스타일리스트의 활약의 장은 앞으로도 더욱 넓어질 것으로 보인다.

푸드 스타일리스트란 쉽게 말해 '음식 사진 연출가'라 할 수 있다. 볶음밥, 카레, 만두, 햄버거, 김치, 피자 등 보통의 많은 음식과 식품들을 보다 더 먹음직스럽고 신선하게 사진으로 표현해 내는 일인데, 그 사진이 광고나 잡지, 출시되는 상품의 겉면을 싸게 되는 것이기 때문에 특별하다. 즉 만드는 사람이 전달하고자 하는 이야기가 분명해야 하기 때문이다.

특히 광고 사진의 경우 까다롭기 마련인데 같은 종류의 음식이라도 그때그때의 음식에 담기는 특징이 달라져 사진에도 각별한 주의가 필요하다. 푸드 스타일리스트라면 광고주의 요구를 알고 콘셉트에 맞춰 소품까지도 직접 준비해야 함은 물론이다. 상품 겉면에 들어가는 사진 역시 그 많은 물건들 중에 장바구니를 든 주부들의 발길을 머물게 할 정도의 사진이 아니면 안되기 때문에 많은 공을 들인다. CF는 말할 것도 없다.

이 외에도 푸드 스타일리스트들은 잡지의 음식 사진도 찍는다. 월간·계간으로 발행되는 잡지는 계절별 풍미를 살리는 것이 중요하다. 아울러 보는 사람들에게 정보를 전달하고 새로운 유행도 알려준다. 수없이 많이 출간되는 요리책에도 그들의 솜씨가 필요한데 조리사가 새로 개발한 요리라면 그 개발의 주요 콘셉트를 살려주기 위해 조리사와도 긴밀한 대화가 필요하다.

현재 우리나라에 활동 중인 푸드 스타일리스트의 수는 점차 증가되고 있는 추세이다. 하지만 자리 잡은 몇몇의 스타일리스트를 제외하고는 아직 보수에 있어서 만족스럽지 못한 상태이다. 방송, 잡지 등 워낙 활동 범위가 적기 때문이기도 하지만 요리, 미술, 문학성, 사진 등 다방면에 걸쳐 풍부한 지식을 갖고 있어야 하기 때문이다. 요리만 해도 각 나라의 요리 역사까지 줄줄이 꿰어야 하니 공부할 게 산 너머 산이다.

그 중에서도 기본적으로 갖추어야 할 것을 든다면 바로 문학성이다. 하나의 접시를 장식할 때 그 접시가 무엇을 말하는지를 푸드 스타일리스트가 제대로 알고 들어가야 하기 때문이다. 거기서 담아지는 이야기의 내용을 연출자가 모른다면 시작부터 할 수 없기 때문이다. 사진 한 장에 담겨지는 내용, 그리고 엄선된 소품들의 구도와 비례를 볼 때 늘 이 이야기를 염두에 두고 깊은 생각을 해야 하는 직업이기 때문이다.

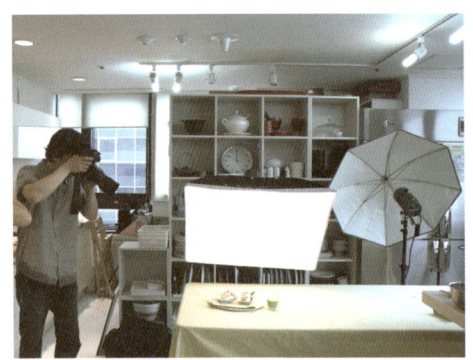
잡지용 사진 푸드 스타일링 작업 모습

방송용 푸드 스타일링 작업 모습

생활 속 푸드 스타일리스트가 되려면 우선 조리 후 음식을 담는 식기 선정부터 주의해야 한다. 식기가 색이 너무 진하다거나, 곡선이나 장식이 화려한 쪽보다는 단순한 곡선이나 모양의 식기에 파스텔 쪽의 색감이 좋다. 밝고 따뜻한 색이 음식의 풍미를 잘 살려준다. 또 음식을 담는 담음세가 중요한데 그 요리가 어떤 요리인지 잘 드러내 주도록 한다. 닭 요리면 닭 요리임을, 감자 요리면 감자 요리라는 것을 어떤 사람이 봐도 알 수 있는 것이 좋다. 또 깍뚝썰기를 했다면 그 모양이 잘 살 수 있도록 담도록 한다.

요즘에는 꼭 음식을 그릇에 담아야 한다는 고정관념이 깨지고 있다고 한다. 채반 위에 야채를 깔고 그 위에 음식을 담거나 옆에 먹는 꽃을 놔두는 등 눈으로 즐기는 음식들도 많아졌다. 이 푸드 스타일에도 유행이라는 게 있다. 그래서 푸드 스타일리스트는 항상 트렌드에 민감해야 한다.

크던 작던 일단 음식을 만드는 사람이라면 시간을 다루는 사람이라고 보여진다. 즉 기다릴 줄 아는 사람들이 제대로 된 음식을 한다는 것인데, 푸드 스타일리스트들의 작업이야말로 그런 인내심의 작업에 제대로 된 마침표를 찍는 사람들일 것이다. 마침표가 어디에 찍히는가에 따라 어떤 요리가 결정되는 것이다.

외식산업 분야에 있어서도 시각적인 면, 즉 디자인적인 요소에 대한 관심이 점점 높아지고 있다. 외식산업이 발전할수록 음식 사진에 대한 중요도도 커가고 있으며 이러한 시대적 요구에 의해 최근 푸드 스타일링뿐만 아니라 테이블 데코레이션, 파티 플랜, 메뉴 플랜, 메뉴 디자인 등의 새로운 직업군이 속속 생겨나고 있다.

보기 좋은 떡이 먹기도 좋다는 속담이 있다. 음식이 조화롭게 잘 만들어지면 식감도 절로 생긴다는 의미일 것이다. 음식 문화의 시각적인 예술성이 날로 부각되고 있는 상황이며, 사진을 통해서 음식이 맛있어 보이도록 연출하기 위한 푸드 스타일링의 중요도가 깊이 인식되어 가고 있다.

의식의 변화와 소득 수준 향상으로 고객들은 다양한 라이프 스타일을 갖고 있다. 또한 맛이라는 품질의 질적 향상과 더불어 이왕이면 맛과 함께 분위기와 멋까지도 함께 느끼고 즐기고 싶어한다.

제품 홍보를 위한 푸드 스타일링

요리를 소개하는 푸드 스타일링

●●● 푸드 디자인과 마케팅

음식은 기본적인 영양과 코에 의한 후각적인 것, 혀에 의한 미각적인 요소, 눈에 의한 시각적 요소로써 음식의 색채와 배치 그리고 디스플레이, 음악 등 분위기가 매우 중요하다. 그러므로 주방에서는 신선한 재료에 맛있는 요리와 더불어 고객이 원하는 감각을 만족시켜 감동을 자아내야 한다. 이런 차원에서 색채와 요리, 디자인의 기법이 결합된 푸드 디자인이 필요하다.

색채 요리 디자인은 음식의 영양 제공과 더불어 색채의 배색 기법과 담는 디자인을 응용하여 시각적으로 맛있다는 느낌을 갖도록 하는 기법이다.

또한 디자인은 마케팅과 만나야 가치를 인정받을 수 있으므로 색채 요리 마케팅은 색채 심리를 이용하여 음식을 조화 있는 색채 구성을 통하여 잘 배치하고 고객이 원하는 요리를 분석 및 감지하여 고객이 만족하는 요리를 창출함으로써 고객 감동을 실현시켜 성공하는 외식산업으로 나가야 한다.

색채 요리 디자인과 마케팅 개념

- 요리 : 맛있는 음식(신선한 재료로 음식을 준비하는 기술 – 식품영향학적)
- 조리 : 음식을 잘 맞추어 요리
- 색채+요리 : 색채 요리(색채를 이용한 요리 기술 – 색채 / 식품영양학적)
- 색채+요리+심리 : 색채 요리 심리
- 색채 요리 심리+마케팅 : 색채 요리 마케팅(색채와 디자인을 통해 요리한 것을 마케팅화 – 심리영양마케팅)

 ### 요리와 고객 욕구 개념

- 1차적 : 요리사의 일방적 요리로 접대 → 요리사 중심
- 2차적 : 고객이 원하는 것을 감지하여 욕구 충족 → 고객 중심
- 3차적 : 고객이 원하는 것 이상의 감동을 줌 → 고객 중심
- 색상에 따라 식욕이 달라진다.

음식을 디자인하는 분야는 다양하다. TV 광고, 언론 홍보, 패키지 상품, 잡지, 메뉴북, 실제 현장에서의 외식 주방 등인데, 분야에 따라 디자인이 약간의 차이를 보인다. 그러나 일반적으로 기본적인 색채 구성과 모양새는 같은 원리에 근거하고 있다.

색채 연구가 '비론'의 이론에 따른 색상과 식욕의 관계를 살펴보면, 빨간색을 볼 때 식욕이 왕성하고, 주황색에서는 식욕이 최대치에 이른다. 노란색에서는 왕성한 식욕이 감퇴하기 시작하고, 연두색에서는 미약해지다가, 초록색에서 식욕이 왕성해진다. 파란색에서는 다시 식욕이 급격히 저하된다.

그러므로 식감을 만족시키는 색은 빨강, 주황, 노랑이며, 신선함과 건강을 느끼게 하는 색은 초록계열이고, 식감을 낮추는 색상은 파랑이다.

시각적인 맛을 높일 때 요리의 색을 곁들인 식재료나 장식을 보색대비를 이용

하여 꾸미면 훨씬 더 요리의 색이 돋보여 식욕을 돋우게 된다.

　예를 들어, 돼지고기 보쌈에 붉은 보쌈김치와 노란색 배춧잎을 곁들이면 회색의 고기색을 붉은색과 노란색이 받쳐줘 식감을 불러일으킨다. 열무냉면은 붉은 김치 국물에 초록 열무가 주를 이루지만, 붉은 고추, 파란 고추, 주황색 당근을 적절히 쓰면 열무의 신선함이 훨씬 돋보여 식욕이 강해진다. 냉면의 맨 위에 올리는 찐 달걀은 노른자가 보이게 올리는 것과 흰자만 보이게 올리는 것과는 차이가 있다. 노른자가 보이도록 올려놓으면 냉면이 훨씬 더 먹음직스러워진다. 이와 같이 요리에 있어서 보색 대비를 적절히 이용하는 것이 색채 요리이다.

　색채 요리는 식욕을 돋우어 준다. 색채 요리는 부재료의 색을 이용해 식감을 높이는 한편, 주 요리와 식품영양학적으로 어울리는 부재료를 사용하는 것도 중요하다. 그래야 영양과 맛, 향미가 조화를 이루기 때문이다.

　그릇의 형태도 정사각형, 직사각형, 타원형, 원형 등이 기본 주종을 이루고 있고

그릇의 색과 그릇 안의 문양도 상당히 다양하다. 그릇의 색은 일반적으로 흰색이 가장 무난하지만 색이 있는 그릇을 선택할 경우에 음식의 색과 보색인 색을 선택하는 것도 상당히 음식을 돋보이게 한다.

색	미 각
노 랑	따뜻하고 즐거운 분위기의 노랑은 신맛과 달콤한 맛을 동시에 느끼게 하여 식욕을 촉진시키며 시각적으로 음식의 맛을 향상시키는 역할을 한다. 특히 녹색을 띤 노랑이나 노랑을 띤 초록은 신맛을 강하게 느끼게 되어 과일 중 신 과일이라면 레몬을 생각하게 된다.
빨 강	빨강은 감미롭고 달콤하고 잘 익었다는 느낌을 주지만, 어두운 빨강은 자주색과 비슷하기 때문에 식욕을 돋우지 못한다.
오렌지	빨간색보다는 자극적이지 않지만 음식의 색으로는 달콤한 맛과 부드러운 맛을 강하게 느끼게 한다.
초 록	초록은 신선한 야채나 과일을 연상시킨다. 밝은 초록은 신선함 때문에 상큼한 맛을, 어두운 초록은 쓴맛을 느끼게 한다. 초록이 노랑과 배색되면 신맛이, 갈색과 배색되면 텁텁하고 쓴맛이 떠오르게 된다.
보 라	신비롭고 독특한 느낌이 있을 것 같지만 음식의 색으로는 포도나 블루베리같이 달콤한 맛이 연상되는 것이 아니라 쓴맛과 동시에 음식이 상한 느낌을 준다.
파 랑	파란색은 그 심미적인 아름다움에도 불구하고 어떤 음식에 쓰여도 좀처럼 식욕을 돋우지 못한다. 그러나 다른 음식을 더 맛있게 보이게 하므로 음식의 배경색으로는 아주 좋은 색이다.
핑 크	달콤한 맛을 강하게 느끼게 하는데, 특히 차를 마실 때 테이블 세팅 색상이 핑크라면 차 맛이 달콤하게 느껴질 정도로 단맛을 느끼게 한다.
갈 색	맛이 강하며 향도 진한 색이다. 조리된 음식의 색으로 색이 진할수록 칼로리도 높고 맛도 진하다. 갈색은 색상으로는 주황색 계열이다.

☐ 하 양	담백한 맛과 짠맛을 느끼게 한다. 흰색을 배경으로 음식을 담으면 음식의 색을 원색으로 반사시켜 식욕을 느끼게 만드는 역할을 한다.
■ 검 정	고급스럽고 모던한 분위기를 연출하나 쓴맛과 부패한 느낌을 주며 음식의 맛을 제대로 느낄 수 없게 만든다.

[자료원 : 식공간연구회, 푸드 코디네이트]

그릇 안의 문양이 크거나 복잡한 것은 한식을 정갈하게 담아내기에는 한계가 있다. 담아내는 모양은 직선형, 사선형, 수직형, 돔형, 긴 돔형, 방사선형, 원형, 여러 가지 모듬형이 있지만 담아내는 요리의 색채와 양, 모양, 그릇의 크기와 색깔과 모양, 식욕을 돋우는 장식적인 부분의 크기가 모두 복합적으로 조화를 이루어야 식감을 돋우는 색채 요리가 되는 것이다.

아무리 맛있는 요리라 하더라도 식감이 나지 않으면 우선 눈길이 가지 않는다. 또한 주변 분위기도 마음에 들지 않으면 결국 입맛도 없어지고 불신하게 되는 것이다. 음식은 정성이 깃든 과학적이며 영양학적이고 예술적이어야 한다. 또한 색채와 디자인을 적극적으로 이용한 색채 요리 디자인 연출은 음식 서비스 품질 향상에 있어서 적극적으로 도입되어야 할 부분이다.

(3) 음식의 시각적 이미지

푸드 스타일링은 음식에 따라 담는 식기나 소품을 선택하고 요리의 색상과 구도, 짜임새 등의 조화를 판단하고 음식이나 식품의 특성을 살려 고객이 먹고 싶다는 충동을 유발시켜야 한다.

용기의 모양과 색상에 따라 음식의 느낌 또한 변화될 수 있으므로 사진이나 TV 화면 등으로 나타나는 음식을 통해 '오감'을 만족시킬 수 있도록 미각을 돋우기 위해 항상 색상을 염두해서 작업해야 한다. 같은 음식이라도 모양과 색깔에 따라서 다르고, 담아내는 그릇도 중요한 역할을 한다.

햄버거 스타일링

아이싱 쿠키 스타일링

따라서 음식의 색은 기호 가치를 높이고 풍미를 증가시키므로 시각에 중점을 둔 맛의 연출은 대단히 중요하다.

오감을 통해 지각된 음식의 맛은 과거의 경험 등과도 서로 비추어보아, 종합적인 판단에 의해 맛있는가 그렇지 않은가에 대한 평가를 한다.

오감 가운데서도 첫인상을 받아들이는 시각의 역할은 커서, 우선 메뉴를 읽기 위해 시각이 등장하여 요리를 문자로 받아들이고, 이어서 색채, 칙칙함에서 광채까지의 색조, 다양한 형태 등의 요리의 외관, 식탁 위의 분위기 등을 느끼지만, 그 작용은 맛의 평가에도 영향을 미친다.

인간의 감각 중에서 가장 신속하게 상황을 전달하는 것은 시각이다. 색을 보고도 시각, 미각, 촉각, 후각 등을 느껴지는 것을 색의 공감각(共感覺, synesthesia)이라고 한다. 공감각은 색으로 자극을 받은 시각이 청각, 촉각, 후각, 미각의 다른 감각을 공유하는 현상으로 '듣는 색', '느끼는 색', '먹는 색'으로 표현할 수 있다.

그릇의 종류와 색깔에 의해 요리의 맛이 좌우되는 현상을 후광 효과(halo effect) 또는 배경 효과라고 한다. 사람이나 사물의 어떤 특징에 대해서 좋거나 나쁜 인상을 받으면 그 사람이나 사물의 다른 모든 특징에 대해서도 편승하여 높거나 낮은 평가를 하게 되는 것을 말한다.

요리를 맛보는 식공간을 100%라고 하면, 요리는 약 5%의 색면적을 차지하여 강조색(accent color)이 된다. 그릇과 식탁이 25%의 색면적을 차지해 요리를 색채대비로 끌어올리는 보조색(sub color)이 된다. 식탁의 환경, 좌석, 바닥, 장식품, 정원 등의 주된 분위기가 70%로 색면적을 차지하는 주조색(basic color)이 된다. 이들 100% 식공간에는 맛을 보는 사람의 심리 상태, 건강 상태, 교양, 요리사의 태도와 같은 많은 요소가 관여된다. 이들 요소의 융합이 요리의 후광 효과가 된다.

각 식재료의 고유한 색과 그릇의 색채조화는 먹는 사람의 눈을 즐겁게 하고, 식욕을 불러일으킨다. 이때 식욕을 돋우는 색을 고려하여 전체적인 분위기가 주제에 맞도록 한다.

그리고 색채조화는 함께 사용된 색들의 전체적인 인상, 즉 색채 구성의 전체적인 시각효과를 가리키는 것으로 2색 또는 다색의 배색에 질서를 주는 것이다. 통일과 변화, 질서와 다양성과 같은 반대 요소를 모순과 충돌이 일어나지 않도록 조화시키는 것을 말한다.

치즈 케이크의 색채조화

●● 주조, 보조, 강조색

• 주조색

주조색이란 일반적으로 전체적인 분위기를 결정하는 색으로, 가장 많이 쓰이는 색을 말한다. 스타일링을 할 때 내가 원하는 분위기에 따라 구체적인 색을 먼저 정하는 작업이 필요한데 이 때 주된 분위기를 이끄는 색을 주조색이라고 한다. 전체를 100%라고 하면 주조색은 거의 70% 정도 쓰인다.

푸드 스타일링을 할 때에 테이블클로스 등을 말한다.

• 보조색

보조색이란 주조색 다음으로 넓은 공간을 차지하는 색으로, 보조 요소들은 배합색으로 취급하여야 한다. 통일감이 있는 보조색은 변화를 주는 역할을 감당하고

25% 정도 쓰인다.

푸드 스타일링을 할 때에 접시나 뒤에 놓이는 소품 등이 이에 속한다.

- 강조색

강조색이란 대상에 악센트를 주어 신선한 느낌을 만드는 포인트 같은 역할을 위해 존재한다. 주조색, 보조색과 비교하여 색상을 대비적으로 사용하거나 명도나 채도에 의해 변화를 주는 방법을 선택하여 색의 분량은 전체의 5% 정도로 활용한다.

푸드 스타일링을 할 때에는 음식, 커틀러리, 냅킨 등이 이에 속하며, 전체 이미지를 변화시키는데 있어 손쉽게 활용할 수 있다.

Food coordinate

02 음식과 조형

"맛보기 전에 눈으로 먹는다." 라는 말이 있듯이 음식에 있어서 나날이 시각 이미지로 느끼는 맛 영역이 중요시되고 있다. 레스토랑에 들어서서 실제 음식을 미각으로 맛보기 전까지 우리는 시각적 자극인 눈을 통해 가장 많이 그 음식의 맛을 상상하고 기대한다.

음식을 맛있어 보이게 하는 예술성은 시각적인 음식 표현에 있다. 즉 디자인 원리가 적용된 시각적인 외형에서 음식이 맛있어 보이도록 연출할 수 있다는 것이다. 물론 소리라든지 촉각적인 부분도 일부 없는 것은 아니지만 핵심적인 것은 요리의 외형이라는 것이다.

요리의 외형은 일반적으로 주변의 환경이나 조명에 의해 영향을 받기는 하지만 그릇 위에 놓인 음식의 크기, 모양, 색채 등을 말한다. 요리의 외형은 예술성의 정도를 나타내며 품질을 평가하는데 결정적인 영향을 미친다는 것은 자명한 사실이지만 문제는 어떻게 해야 예술성 높은 요리의 외형을 만들어 낼 수 있느냐는 점이다.

먹기 전에 시각으로도 보기 좋아 상품성이 있는, 즉

좋은 디자인의 음식을 만들기 위해서는 디자인의 구성 요소와 원리를 이해해야 한다. 푸드 스타일링에 있어서 꼭 필요하다.

완성된 음식의 외형(appearance)을 결정하는 요소

음식의 크기	음식의 형태	음식의 색
음식 자체의 크기	전체적인 조화	식재료의 색
식기와의 조화	식재료의 미적 형태	전체적인 색의 조화
1인 섭취량	특성을 살린 모양	식욕을 돋우는 색

(1) 디자인의 구성 요소

 디자인의 구성 요소는 실제로 존재하지 않으면서 존재하는 것처럼 보이는 것이며, 이것은 디자인의 기본이 된다. 디자인의 구성 요소에는 점, 선, 면, 형, 색채, 명암, 공간, 크기, 방향, 구도, 재질감 등의 시각 요소와 상관 요소가 있다.

●● 기본 요소

*점(point)
점의 크기는 일정하지 않으며, 위치를 표시한다. 점이 커지면 면이 되고 작으면

점으로 지각된다. 같은 크기의 점도 놓여진 면 또는 공간의 넓이에 의해 달라진다.

*선(line)

선은 면에 있을 때는 길이와 위치만 있고, 공간 내에 있을 때에는 두께가 있다. 폭이 커지면 면이 되고, 두께가 많아지면 입체가 된다. 선은 크게 직선과 곡선으로 나뉘는데, 직선은 일반적으로 딱딱함, 남성적, 합리적, 명쾌함, 단순함을 준다. 곡선은 일반적으로 길이, 두께, 형상 등에 의해 달라지나 온화, 천천히 움직임, 부드러운 느낌, 우아함 등을 느끼게 한다.

*면(plane)

면은 공간을 구성하는 단위이다. 선의 집합체로 생기는 여러 형태로 그 중 정삼각형은 가장 안정된 느낌을 주고 역삼각형은 불안감을 준다. 사각형은 단정한 느낌, 마름모꼴은 안정감과 경쾌함을 준다. 각이 많을수록 곡선적인 성질에 가깝다. 원은 단순 및 원만한 느낌이고, 타원은 온화한 부드러움과 여성적인 느낌을 준다.

*입체(solid)

입체란 공간 중에 위치하며 면이 모여 형성된 것으로, 면의 이동, 회전 또는 집적한 것이다. 입체는 면으로 둘러싸여 있어 입체의 표정은 공간을 구성하는 면의 표정에 의해 정해진다.

●● 시각 요소

시각 요소는 실제로 눈을 통해 볼 수 있는 것으로 디자인의 가장 중요한 요소이다.

*형태(form)

입체적인 형태를 뜻하며, 우리가 인지하는 물체의 입체적 모양새의 특성을 말한다.

*크기(size)

모든 형태는 크기가 있으며 이 크기는 큰 것, 작은 것으로 표현한다. 이 때의 크기는 상대적인 크기이나 일반적으로 크기는 실제로 잴 수 있는 것이다.

*색채(color)

모든 형태는 색채를 가짐으로써 그 주위의 형태와 식별이 가능하며, 색채 감각의 인지는 인간의 주관적 감정이 객관적 사실을 바탕으로 할 때 가능해진다. 색채는 디자인 요소 중 가장 감각적인 것으로 무채색과 유채색으로 구분된다.

TIP

색의 특성을 이용한 효과적인 스타일링 기법
- 면적대비를 활용한다.
- 강조색을 이용한다.
- 배색이 어렵거나 애매모호할 때에는 유사색을 이용한다.
- 배색의 확장
- 너무 많은 색은 사용하지 않는다.
- 톤을 정리하면 배색은 안정된다.

●● 상관 요소

상관 요소에 의해 디자인의 느낌이나 특성이 달라지며, 평가 자체가 달라질 가능성이 있다.

*방향(direction)

방향이란 형태를 보는 사람과 구성하는 외곽선 및 주위의 다른 형태에 의해 결정된다. 즉 조형물을 위에서 아래로 볼 때, 아래에서 위로 볼 때, 또 옆에서 볼 때 그 형태가 달라 보이며, 그 때 나타나는 디자인의 특성 또한 달라진다.

*위치(position)

위치는 디자인의 구성이나 형태 외곽과의 상호관계에 의해 결정된다. 즉 같은 크기의 조형물이라도 그것이 놓여 있는 배경의 크기나 색 등에 의해 그 느낌이 달라진다.

*공간(space)

공간은 3차원으로 길이, 폭, 깊이가 있다. 가공적인 깊이를 암시하기도 하고, 빛의 방향과 세기에 따라 입체감을 주어 공간의 표정을 풍부하게 한다. 밝고 차가운 색은 넓어 보이게 하고, 따뜻하고 어두운 색은 좁아 보이게 하는 색의 효과를 이용하며, 빛의 이용을 잘하여 공간 조절을 시도한다.

*중량감(potence)

심리적인 것으로 본래 무게와는 무관하며, 가벼움, 안정, 불안정 등의 감정들을 각 형태에 부여하는 역할을 한다. 즉 크기가 다르다 하더라도 시각적인 중량감이 같다면 같은 무게로 감지하여 안정감을 가지게 된다. 이런 중량감은 크기, 재질, 색 등에 의해 느껴지는 형태에 따라서도 달라지게 된다.

(2) 디자인 원리

디자인의 원리는 어떤 특정효과를 얻기 위해서 디자인 요소들을 결합하는 방법에 적용되는 것이다. 요소들의 부분과 부분, 부분과 전체 사이에 질서를 형성함으로써 시각적인 즐거움을 주는 미적 형식 원리이다.

●● 통일과 변화(unity and variety)

부분에 변화를 주어 생동감 있게 처리하는 것이 성공적인 통일성을 가진 디자인이라 할 수 있다. 통일과 변화는 서로 대립하는 것이 아니라 서로 유기적인 관계 속에서 성립되는 것이고, 알맞은 변화란 통일의 영역을 침해하지 않는 한도 내에서 이루어져야 그 가치를 발휘할 수 있으며, 변화의 필요성도 느끼게 된다. 모든 조형의 미적 효과는 이 두 관계를 어떻게 하느냐에 따라 정해진다.

●● 조화(harmony)

두 개 이상의 요소가 상호관계에서 서로 배척 없이 통일되어 미적·감각적 효과를 이루는 것이다. 조화의 기본은 통일과 변화로, 적절한 통일과 변화가 이루어질 때 조화를 이룬다고 할 수 있다.

유사조화는 개개요소 중에 공통성이 있으므로 온화하며 여성적인 안정감이 있으나 단조롭고 신선함이 없다. 대비조화는 질적·양적으로 서로 전혀 다른 두 개의 요소가 편성되었을 때 서로 상대의 반대성에 의해 미적효과를 자아내는 것으로, 대조·대립이라 하기도 한다. 이는 동적효과를 가진 변화의 개념에 가깝다. 힘이 강하고 화려하며 남성적인 느낌이다.

●● 균형(balance)

자연스러운 평형이 유지되었다는 의미이며, 보는 사람에게 안정감을 준다. 조형상으로는 무게, 크기, 색이나 질감 등의 요소가 시각적으로 힘의 평행을 가졌을 때 균형적이라 한다.

대칭(symmetry)은 좌우대칭, 방사대칭, 역대칭 등이 있다. 좌우대칭은 좌우 또는 상하에 하나의 직선을 축으로 하는 것으로, 정지적 역감, 안정감, 장엄함, 딱딱함을 느끼게 한다. 방사대칭은 한 점을 중심으로 하여 주위를 향해 방사상으로 퍼지는 것으로 동적인 표정을 나타내며, 역대칭은 180도 회전시켜 얻은 것으로 변화가 있는 대칭이다.

비대칭(unsymmetry)은 부대칭이라고도 하며, 좌우 불균형의 중심을 둔 형체이다. 이는 자유로운 의지력, 반 규칙성, 불안정성을 표현하며, 동적인 역감과 긴장된 생명감을 가진다.

*대칭적 균형

가장 균형적인 구성 형식으로 중앙을 지나는 선을 접으면 완전히 일치되는 경우이며, 안정되고 고요하게 보인다.

*비대칭적 균형

형태상으로는 불균형이지만 시각상으로 정돈되어 균형이 잡혀 있는 구상이다. 시각적으로는 안정감을 주며, 개성을 느끼게 한다.

*방사상 균형

중심이 되는 것의 주위에 있는 사물들이 원형으로 돌면서 균형을 잡는 것으로, 사각형으로 된 공간에서 신선한 대비감을 느끼게 한다.

●● 비례(proportion)

비율이라고도 하고, 다른 모든 디자인 원리의 밑바탕이 되며, 부분적요소와 전체가 이루는 수리적 연관관계를 말한다. 비례에 의해 형은 크게 변화하는데, 비례가 좋으면 그 형이 아름답고 좋다고 느끼게 된다. 이는 균형, 리듬, 강조를 이루는 구성요소이고, 주로 길이의 비례와 면적의 비례를 말하며, 부분과 전체의 시각적인 무게관계, 형태와 색의 율동적인 흐름 속에서도 나타난다.

●● 리듬(rhythm)

율동이라고도 하는데, 동일한 요소가 유사한 요소들에 규칙적이거나 주기적인 일정한 질서를 주었을 때 느낄 수 있다. 반복된 형태나 구조, 연속과 단절, 등간격의 변화에서 일어나는 시각적 운동이다.

*반복(repetition)

동일한 요소가 두 개 이상 배열되어 통일된 질서의 미와 연속감, 리듬감이 생긴다. 단순한 단위로 반복하면 오히려 단조롭게 되기 쉽다.

*점진(gradation)

색과 형 등이 차례로 변화하는 것이다. 변화가 진보와 생명을 뜻하는 것으로, 반복보다 복잡하고 동적이며 진행감에서 오는 리듬감이 강하다.

*교체 (replacement)

반복보다 더 역동적인 효과를 내며, 요소를 강조하거나 약화시키는 경우도 있다.

*대조 (contrast)

대조란 사각형에서 원형으로, 초록색에서 빨간색으로 바뀌는 것같이 갑작스러운 변화를 줌으로써 상반된 분위기를 조성하도록 형태나 색상을 배치하는 것이다. 이 때의 리듬은 자극적이고, 혼란을 초래할 우려가 있다.

●● 강조 (emphasis)

디자인의 부분 부분에 주어진 강세, 즉 시각적인 지루함을 없애고 보는 사람의 주의를 집중시켜 시각적 만족을 주며, 균형과 리듬의 기초가 된다. 강조가 하나 이상 주어지면 그 효과가 오히려 작아지는 경우가 있다.

Food coordinate

03 푸드 스타일링의 구조

 푸드 스타일링을 할 때 화면 안에 나누어지는 가상적인 면의 분할은 매우 중요하다. 본인이 표현하고자 하는 작품의 콘셉트와 형태를 얼마나 명확하게 표현하는가는 면을 적절히 분할하고 프레임 안의 요소를 잘 배치하고 배열하는 것이다.
 스타일링 시에 콘셉트가 주어졌다면 그 주제에 맞게 최대한 돋보이는 음식 구도를 선택하여 연출해야 한다.

(1) 구도의 정의

 구도는 컴퍼지션(composition)이라고 하며, 화면 전체의 짜임새를 말하며, 화면에 배치하고 구성하는 것을 의미한다. 사진에서의 구도를 프레이밍(framing)이라고 하는데, 사진의 쓰임새에 의해 그 구도에 대하여 생각하는 법도 달라져야 한다.
 촬영하고자 하는 촬영 대상물을 어떠한 모양과 형태로 촬영할 것인가를 결정하는 문제는 카메라를 드는 순간 먼저 해야 할 일이며 가장 고민되는 부분이기도 하다. 똑같은 피사체를 똑같은 카메라와 장비로 촬영을 해도 촬영한 사람에 따라 사진 결과가 다른 것을 우리는 많이 접하게 된다. 이는 여러 가지 원인이 있겠지만 사진의 화면 구성, 즉 프레이밍에 따라 사진의 결과는 엄청나게 달라지게 되는 것이다.

(2) 구도의 종류

구도가 잘 잡히면 효과적이고 강한 인상을 줄 수 있는 사진이 되기 때문에 사진에서 구도가 차지하는 역할은 가장 중요한 부분이라고 할 수 있다. 사람들이 일반적으로 모두 편안한 느낌으로 대할 수 있는 구도를 황금 구도라고 하는데, 대상의 위치를 잡는데 참고하면 좋다.

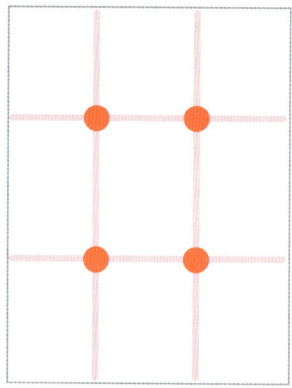

*수평선 구도
조용하고 안정감을 느끼게 하는 특징이 있고, 특히 가로로 된 구도가 정적인 미를 느끼게 한다.

*수직선 구도
강렬한 느낌도 주지만 소박한 분위기도 연출된다.

*삼각형 구도

가장 많이 쓰이는 구도 중 하나로 통일감이 강한 구도로, 안정감이 있고 깊이가 느껴진다. 고전적인 방법으로 많이 쓰여 왔으며 피라미드형 구도라고도 한다.

*대각선 구도

강한 원근감과 집중감을 준다. 통일된 느낌도 강하나, 투시도처럼 보일 수 있으므로 알맞게 변화를 주어야 한다.

*마름모 구도

사선으로 구성된 짜임이기 때문에 변화가 있고, 갖춤이 좋아 균형미가 느껴지며, 비교적 안정감이 있는 구도이다.

*중심적 구도

대상을 크게 클로즈업하거나 화면 중앙에 위치한 구도로 주제에 시선을 집중시킨다. 이러한 직접적인 구도는 대상 그 자체를 강조함으로써 안정감이 있다.

*사선 구도

요리 사진에 많이 쓰이는 구도로 지루하지 않고 재미있고 아기자기한 느낌을 연출 할 때 이용된다. 기울어진 사선이 주가 되므로 움직임, 속도감, 방향감 등을 주며 공간적 깊이를 나타낼 수도 있다.

수평선 구도

수직선 구도

대각선 구도

*곡선 구도(S, Z 자형)
곡선은 변화 있는 구도로 아름다운 율동감과 리듬을 느끼게 한다.

*원근법 구도
강조하고 싶은 것이나 크게 보이고 싶은 것은 앞에, 작게 보이고 싶은 것은 뒤에 위치시켜 거리감을 표현한다. 크기뿐 아니라 색의 무게로 원근감을 표현할 수도 있다.

마름모 구도 　　　　사선 구도 　　　　원근법 구도

곡선 구도(S자형) 　　곡선 구도(Z자형) 　　곡선 구도(Z자형)

Food coordinate

04 음식 연출 기법

(1) 사진 촬영의 이해

앵글이란 카메라의 높낮이를, 포지션은 좌우를 말하는 것으로, 대상을 바라보는 위치를 의미한다. 앵글과 포지션을 어떻게 잡느냐에 따라 어떤 사진을 연출할 것인지가 정해진다. 특히, 앵글은 요리 사진을 연출할 때 기획 의도, 사용 목적 등 작업의 전반적인 콘셉트를 잡는 기초가 된다. 앵글을 결정하면 그에 따른 음식의 양, 담는 모양과 방향 등이 결정된다.

음식 사진은 정물 사진의 영역으로 정물 사진에 대한 이해가 필요하다. 우리 일상생활 주변에서 늘 볼 수 있는 도구나 기물, 기계, 장신구, 식품, 음료, 건축물 등의 모든 것이 다 정물 사진의 대상이 된다.

이것들을 단독제품으로 직접 촬영한다든가 혹은 어떤 다른 것과 함께 조화를 이루도록 세트한다든가 하여 피사체의 자연 그대로의 형태나 점, 선, 면, 리듬, 패턴, 톤, 질감 등을 조형적인 감각으로 촬영자의 의지대로

표현하는 것이다.

정물 사진은 어떠한 경우든 모티브의 발견과 그것의 조형적 처리 기술이 가장 중요하다. 그러나 촬영 의도와 표현 기술 여하에 따라 패션, 포트레이트, 요리 등과 같이 언뜻 생각하기에는 움직이지 않는 피사체와는 반대 개념으로 여겨지는 것마저도 소재로 하여 촬영하는 경우도 있고, 소위 이미지 커트(image cut)라 하여 주로 감각적인 분위기를 강조하는 사진도 있다.

그러나 다른 분야의 사진과는 촬영 의도가 본질적으로 다르기 때문에 셔터 찬스가 절대적인 요소가 되지 않는다. 따라서 우연적인 찬스에 의해 이루어지는 사진은 거의 없다.

정물 사진에서는 아이디어에 의해서 소재가 될 만한 피사체를 선정하고 기획 촬영을 하게 된다. 따라서 촬영자는 광고의 기본 콘셉트의 표현 의도에 맞게끔 카메라 앵글, 조명, 배경 처리, 장비의 선택 등에서 뛰어난 창의력과 기술적인 노하우를 관리하는 것이 무엇보다도 중요하다.

음식 사진 촬영 세트

●● 조명의 특징과 앵글의 선택

정물 사진의 촬영에 있어서 피사체를 객관적인 물체로 보는 경우에는 그 물체의 특성(재질감, 형태)을 묘사해 낼 수 있는 기술적인 노하우가 필요하다. 때문에 일반적인 포트레이트의 경우와는 달리 기본적인 조명에서 벗어나지 않으면 안 될 경우가 종종 있다.

조형적인 화면 구성은 감각적이거나 추상적인 분위기 묘사를 위해 각자가 기획한 의도에 따라 효과적인 라이팅 방법을 찾아낼 필요가 있다.

정물 사진의 대상 중에서 특히 광택이 많은 것, 예를 들면 금속, 도자기(유액이 발라진 면), 플라스틱이나 투명한 유리제품 같은 것의 질감을 나타낼 수 있는 라이팅은 어려운 촬영에 속한다. 금속의 메탈감이나 유리제품의 투명감을 나타내기 위해서는 직접 조명을 받으면 빛이 반사되어 버리기 때문에 간접적인 광원을 이용하면서, 약한 직사광으로 하여금 하이라이트가 생기도록 한다. 그리고 적절한 그림자를 만들어줌으로써 피사체를 형태와 콘트라스트를 뚜렷하게 묘사할 수 있다. 또 투명한 물체는 순광 상태로 조명을 하게 되면 형태나 투명감의 표현이 불가능하므로 역광이나 측광에 의한 투과 조명을 해야 한다.

정물 촬영에서는 다른 풍경 촬영의 경우와는 달리 촬영자가 의도하는 장소에 따라 어느 정도까지는 자유롭게 카메라 앵글을 선정할 수가 있다. 하이 앵글이나 로 앵글 촬영으로 상에 왜곡이 생길 염려가 있을 경우에는 카메라 무브먼트를 이용하여 교정할 필요가 있다. 그리고 실제의 촬영에서는 조명이나 구도, 사용 렌즈의 초점 거리 또는 촬영 거리 등과 밀접한 관계가 있으므로 대상의 종류나 촬영 의도에 따라서 적절한 앵글을 선정하는 일이 특히 중요하다.

① **표준 앵글** : 의자에 앉아 테이블 위의 음식을 내려다보는 눈높이의 45도 앵글이다. 가장 보편적인 각도이기 때문에 편안하고 무난하지만 평범해 보일 수 있다.

② 하이 앵글 : 보통의 시선보다 조금 더 높은 곳에서 대상을 바라보는 위치로, 음식 사진에서 자주 사용되는 앵글이다.

③ 로 앵글 : 촬영자가 낮은 곳에서 위를 올려보고 촬영하는 것이다. 인물 사진이나 풍경 사진 등에서는 강한 이미지를 연출할 때, 주제를 강조하고 싶을 때 많이 사용하는 앵글이다. 음식 사진에서는 다소 어려운 앵글이다.

④ 수평 앵글 : 테이블의 음식과 눈높이를 맞춘 듯한 위치로 햄버거나 케이크 등 단면을 자세히 보여주고 싶을 때 사용하면 적당한 앵글이다.

⑤ 톱 앵글 : 위에서 아래로 내려다보는 90도 각도의 눈의 시점으로 접시의 모양을 살리고 싶을 때, 요리를 정확히 보여주고 싶을 때, 디자인적인 의도가 있을 때 사용하는 앵글이다.

●● 짜임새 있는 화면 구성

정물 사진에서 화면 구성은 아이디어를 살릴 수 있는 가장 중요한 요소이다. 구성의 중심인 주제는 전경, 배경, 세트 등에 의해 강조되고 동시에 조화를 이루게 하여야 한다. 정물 사진은 구도의 기본을 깊이 연구하여 가장 조화 있는 세트를 찾아내는 일이 중요하다.

그러나 피사체의 다양성과 표현 의도에 따른 자유로운 창조성의 관점에서 볼 때, 기본적 구성 요소라는 절대적인 원칙을 적용시킬 필요는 없고, 단지 일반적인 개념으로 풀어나가야 할 것이다.

특히 조형적인 표현의 정물 사진에서는 구성의 기본적인 조건은 물론 일상적인 상식선에서 벗어난 감각적인 기발한 효과를 노리는 일도 적지 않으므로, 선입관에 지나치게 사로잡혀 자유로운 창작 활동이 억제 당하는 일이 없도록 해야 할 것이다.

●● 색채와 명암의 처리

색채에 대해 인간이 느끼는 감정은 민족적인 감정, 향토적인 환경, 옷차림, 예의범절, 풍속, 습관 등과 밀접한 관계가 있으므로 컬러 촬영에 있어서는 색채의 배치, 배합, 선택에 특히 주의를 하여야 한다.

일반적으로 피사체가 갖는 다양한 색채를 흑백 사진에서는 흑과 백의 농담으로 묘사되는데 반해 컬러 사진에서는 색조로 구성된다. 따라서 물체의 형상과 질을 시각적으로 가장 자연색에 가깝게 재현할 수 있느냐에 관한 여러 가지의 문제를 프레이밍이나 클로즈업으로 선택함으로써 색의 구성미를 강조해낼 수 있다.

흑백 사진에는 피사체의 색채가 사용 필름의 분광감도의 특성에 따라 흑백 농담의 차이로써 재현되는데, 이것은 빛과 음영에 의한 톤이 재현되어 사진으로 이루어지게 된다.

따라서 피사체의 색채와 그 배합을 명암의 면적, 비율, 상태, 콘트라스트 등으로 면밀히 선정할 필요가 있다. 또한 톤 스케일의 선정도 중요하며, 작화상의 의도를 기초로 모티브의 내용, 감정을 보다 더 강조해야 한다.

●● 렌즈의 선택

렌즈는 다시 말할 것도 없이 피사체의 영상을 기록하는 가장 중요한 것이다. 따라서 작가의 개성을 살리기 위해서는 피사체가 놓여 있는 상태라든가 프레이밍, 카메라 앵글과 같은 연구 외에 사용 렌즈의 초점 거리나 밝기, 특성에 따른 묘사상의 차이를 노하우의 수단으로 잘 이용하여야 한다. 이렇게 촬영 기획에 의한 여러 가지 조건이 수반되어야겠지만 중요한 것은 역시 렌즈의 선택이다.

특히 정물 사진에서는 피사체의 디테일을 강조하기 때문에 대형 포맷(4×5인치 이상)을 요구하는 경우가 많다. 예를 들어, 4×5인치용 대형 렌즈를 요구할 경우에는 90mm 안팎의 광각렌즈, 150mm 안팎의 표준렌즈, 210mm 안팎의 망원렌즈 등의 3개의 렌즈는 기본적으로 갖추어야 한다.

렌즈에 의한 표현 효과

렌 즈	원근감	효 과
광각렌즈	과장 표현	다이내믹하여 박력 있고 강인한 표현
표준렌즈	보통 표현	자연스러우며 친숙감을 주는 표현
망원렌즈	압축 표현	주제를 부각시켜 강조하고 배경을 흐리게 하는 효과
마이크로 렌즈	없 음	미지의 세계를 확대 강조하는 효과

정물 사진에서는 화면 효과상, 아웃 포커스에 의해 전형 또는 배경에 아웃 포커

스 되는 정도를 효과적으로 응용한다든지, 원근감과 공간감의 묘사에 의해 주제를 강조한다든지, 또는 화면의 단순화를 위해 적절한 초점 거리의 렌즈를 선정할 필요가 있다. 또 어안렌즈나 시프트렌즈 혹은 각종 특수렌즈나 줌렌즈 등은 일반 교환렌즈와는 색다른 독특한 묘사를 할 수 있으므로 적절하게 활용할 것을 적극 권장한다.

●● 알아두어야 하는 촬영 용어들

- 아웃포커스(out focus) : 심도가 얕다는 것으로 먼 부분의 초점이 흐려지는 상태를 말한다. 이미지 컷에 많이 사용되며 부드러운 느낌으로 연출할 수 있다.
- 인 포커스(in focus) : 피사계 심도가 얕다는 것으로 앞 부분의 초점이 흐려지는 상태를 말한다.
- 팬 포커스(pan focus) : 심도가 깊은 것으로 피사체와 배경 모두 또렷하게 나오는 상태이다. 정보용이나 누끼용으로 사용한다.

아웃 포커스

팬 포커스

- 콘트라스트(contrast) : 밝고 어둠의 차이로 콘트라스트가 크다는 것은 밝은 부분과 어두운 부분의 차이가 큰 것을 말한다.
- 베다 : 음식 사진 바닥에 까는 배경을 말한다. 기본적으로는 종이나 천 등을 사용하지만 나무, 아크릴, 타일, 철망 등 다양한 배경을 가진다.
- 히라끼 : 요리가 두 페이지를 차지하면서 펼쳐져서 연결된 그림으로 스프레드라

고도 한다.

- **누끼** : 편집 용어 중 그림이나 사진에서 배경을 없애고자 외곽선(outline)을 따는 것을 누끼 작업이라 한다. 사진에서는 합성이 목적이 아닌 제품이나 음식 사진 본연의 특징을 살리기 위해 누끼 작업을 한다. 즉, 요리 사진 찍어서 요리 사진만 남기고 배경은 다 지워버리는 작업을 누끼라 한다.
- **간지** : 느낌 혹은 효과를 말한다.
- **도비라** : 표지 사진이나 이미지컷인 속표지를 말하며, 주로 새로운 내용이 전개되는 부분에 사용된다.

카메라　　　　　　　렌 즈　　　　　　　조 명

(2) 촬영용 푸드 스타일링

●● 카메라 앵글에서의 스타일링 노하우
- 주제와 부주제를 나눈다. 조연이 주인공보다 돋보이지 않도록 연출한다.
- 중심이 되는 주제를 적당한 위치에 배치하고 부수적인 것은 전체의 조화를 생각하면서 배치한다.
- 소품을 지나치게 많이 배치하여 복잡한 느낌이나 산만한 느낌이 들지 않도록 유의한다.
- 장식용 재료라 할지라도 먹을 수 없는 재료는 배재한다.
- 요리가 화려하면 접시의 문양과 색상은 단순화한다.
- 요리가 차지하는 비율이 접시의 80%를 넘지 않게 한다.

- 실제보다 적게 음식을 담는다.
- 촬영 직전에 물 스프레이와 기름 붓으로 음식을 생동감 있게 표현해 준다.
- 포인트가 되는 요소는 라이트 방향으로 놓는다.
- 사진의 각도에 따라 음식이 담기는 위치와 높이는 달라져야 한다.
- 앞에 놓여지는 소품이나 음식은 되도록 작은 크기로 놓는다.
- 국물이 있는 음식은 촬영 직전에 국물을 부어준다.
- 베다는 구겨짐이 없이 잘 다려야 사진에서 깔끔하게 연출할 수 있다.
- 허브 잎이나 포인트 장식 등은 찍기 직전에 올려 생생함을 연출한다.

●● 조 명

같은 피사체일지라도 광선의 선택에 따라 다양한 사진을 연출할 수 있기 때문에 촬영 주제에 따라 적절한 광선을 선택해야 한다.

조명 연출의 종류

종 류	광 선	소 재
정면광	피사체 정면에서 비추는 광선	거친 면을 가진 물체 목재, 돌, 매트, 천 등의 자연스러운 묘사
측 광	피사체의 옆에서 비추는 광선으로 피사체의 입체감을 살려주기 때문에 음식, 인물 촬영에 널리 사용되며, 풍경 촬영에도 좋다. 측면에서 나오는 조명이므로 측면에 그림자가 생긴다.	조각면과 같은 입체감 물체의 측면에 가깝게 평행으로 조명

역 광	피사체의 뒷면에서 비추는 광선으로 색감을 투명하게 하고 강렬한 느낌을 주고 싶을 때 주로 사용한다.	투명한 물체 유리, 플라스틱, 물 등 음료 촬영 시에 사용
직사광	플래시 등을 이용한 방법으로 한 번에 조명을 주게 되므로 가장자리에 선명하고 어두운 그림자가 생긴다.	
직사 확산광	조명을 우산이나 소프트박스, 트레팔지 등을 이용하여 명확하지만 가장자리가 부드러운 그림자가 생기도록 연출하는 경우이다.	
확산광	여러 번에 걸쳐서 조명을 주게 되므로 거의 그림자가 생기지 않고 자연스럽다.	금속, 도자기, 칠을 한 면과 같은 광택감. 백지같은 큰 면적으로 된 것의 반사광 조명

(3) 푸드 스타일링의 분류

●● 음식 이미지의 분류

상업적 이미지	비상업적 이미지
• 식품 회사 광고, 외식업 광고 등 홍보용 • 푸드 라이브러리 • 클라이언트의 요구가 우선, 특정 용도를 제외하고는 트리밍이나 효과를 주기 전 • 원제품의 모습을 그대로 살린 원본 사진에 충실 • 분량과 식기 등에 제약이 있음	• 잡지, 출판물(요리책), 인터넷상의 요리 코너 등을 포함한 쿡북 • 푸드 퍼포먼스(음식이나 식재료 형상화), 주로 잡지나 이미지 광고에 사용 • 표현의 자유, 고정관념의 탈피 • 식재, 식기 분량 등에서 자유로움, 효과나 강조에 있어 제약이 적음

●● 촬영 콘셉트의 분류

• 아웃 도어(야외 촬영을 할 것인지 스튜디오에서 외부 연출을 할 것인지)

• 엔틱 / 클래식

• 모던

- 한식, 일식, 양식, 중식, 퓨전, 에스닉 풍
- 시즌, 홀리데이, 이벤트
- 심플 / 미니멀
- 씨즐링

피크닉 콘셉트 연출

●● 표현 연출의 분류

- 누끼 촬영(한접시로만)인가?
- 이미지의 연출인가?
- 무엇과 곁들여 어떻게 먹는 음식인가?
- 어떻게 만드는지 재료를 충실히 보여줄 것인가?
- 사용되는 조리도구를 이용해서 보여주는가?
- 테이블에 세팅해 완성된 표현을 연출할 것인가?
- 음식이 만들어지는 현장감을 표현할 것인가?
- 완성된 음식을 서빙하는 표현을 할 것인가?
- 스토리를 구성하여 이야기가 있는 푸드 스타일링을 할 것인가?

재료를 보여주는 스타일링   스토리가 있는 스타일링

TIP

푸드 스타일링의 쓰임새

- 잡지와 무크지 스타일링
- 요리책 스타일링
- 요리 방송 스타일링 – 요리 프로그램, 맛집 소개, 홈쇼핑, 드라마
- 방송 광고 – CF 스타일링
- 지면 광고 – 패키지, 메뉴판, 포스터, 카탈로그
- 테이블 스타일링
- 레스토랑 컨설팅 – 테이블 & 공간 연출, 메뉴 디자인
- 파티플래너
- 케이터러
- 푸드 라이터

Food coordinate

05 접시별 스타일링

(1) 접시의 개념과 기원

접시의 사전적 의미는 '운두가 얕고 반찬이나 과실을 담는데 쓰는 그릇의 총칭'이라고 하나, 원형이 주를 이루며 음식을 알맞게 담거나 그릇 밑에 받쳐 사용하기도 하며 장식용으로도 쓰이는 등 그 쓰임은 목적에 따라 다양하다.

우리나라에서는 주로 부식용 그릇으로 쓰이나 서구 문화권에서는 주식을 담는 식기의 대표적인 그릇의 형태이다.

접시의 발생 배경에는 여러 가지 설이 있는데, 그 중 하나는 선사시대의 나뭇잎, 납작한 돌, 조개 등 자연물을 사용했던 것이 첫 형태라는 설과 다른 하나는 청동기 시대에 출토된 고배에서 유래한다는 설과 우묵한 사발의 일종이었던 것이 가장자리가 낮은 납작한 그릇으로 변하였다는 설이 있는데 보는 관점에 따라서 모두 수용할 수 있는 내용이다.

그러나 본격적인 접시로 발전된 시기는 식생활적으

로 주식과 부식이 분리되었던 부족국가 시대로 추측된다.

서양의 접시의 경우 로마시대 노예들은 나무사발로 식사했던 반면, 왕족과 귀족은 금·은·유리·도기 접시를 이용하여 식사를 하였다. 중세에는 통밀가루, 호밀을 익혀 4일 동안 숙성시킨 후 둥근 모양이나 직사각형으로 잘라서 사용하였는데 이것을 트렌처(trencher)라고 불렀다. 여기에 음식이 담겨졌고, 트렌처의 두꺼운 껍질은 지금 테두리 있는 접시 디자인으로 발전되었다. 14세기 초에는 나무와 백랍으로 트렌처가 만들어졌고, 빵 밑에 놓고 사용되기도 하였다. 나무로 만들어진 용기는 트린(treen)이라 불렸으며, 이것은 나중에 도기와 백랍으로 대체되었다.

초기의 도자기 접시는 끓이고 굽는 음식에서 나오는 즙을 담을 수 있도록 넓은 테두리와 깊게 파인 부분이 만들어졌다. 깊게 파인 부분과 둥근 테두리가 있는 접시는 16세기 이탈리아에서 유래하였다.

산업혁명 이전까지 접시는 큰 크기와 중간 크기로만 만들어졌으나 중산층이 성장하면서 생선, 굴, 디저트, 과일 등 특별한 음식을 담는 접시로 만들어지기 시작하였다. 19세기까지 접시의 크기는 사용되는 시간대에 의해서 결정되었다. 즉, 정찬을 위한 큰 접시, 점심식사를 위한 작은 접시, 아침식사와 오후 티를 위한 것으로 더 작은 접시가 있었으며, 19세기 중반까지 접시의 크기는 규격화되어 있었다.

우리나라에서는 큰 접시 혹은 대접을 '반'이라 하고, 굽이 높은 접시를 '고배', 작은 접시를 '접'이라하여 구분하였다. '접시'라는 명칭은 뚜껑 없이 낮고 편평한 식기에 대한 통칭으로 사용되는데, 접시의 한자는 차자 또는 접자 등으로 쓰고 옹접이라는 이름으로 도자 접시를 부르기도 한다.

(2) 접시의 구성

서양의 경우 식탁에 놓은 식기에 음식을 담아 포크나 나이프를 사용해 먹기 때문에 납작하고 안정된 그릇의 형태인 원형접시가 발달되었고, 입식생활을 한 우리나라 접시에 비해 깊이가 얕고 넓은 형태가 대부분이다. 또한 식탁을 구성하는 장식적인 요소가 강조되어 있다.

　접시는 모든 식기가 갖는 일반적인 개념인 내용물을 담고 사용하는데는 별 차이가 없다. 따라서 간편하게 쓸 수 있으며 사용 빈도수가 높고 음식을 소량에서 대량으로 자유롭게 담을 수 있는 접시의 사용이 증가함에 따라 사용상의 편리성, 세척의 용이성, 형태에 따른 보관, 효율적인 수납효과의 기능적인 특성을 가지고 있다. 따라서 현대에 와서는 가장 사용이 많고 애용되는 식기가 되었다. 또한 음식을 담는 1차적 용도의 역할뿐 아니라 인테리어 소품 등의 장식적인 기능이 커지고 있다.

　도자 접시의 기본 구조는 외곽선, 형(shape), 높이, 굽 그리고 접시의 바닥으로 나눌 수 있다. 외곽선, 형은 측면에서 보여지는 선의 형태로 공간과 경계가 된다. 접시의 높이는 형태에 입체감을 느끼게 해 주며, 담겨있는 음식이 밖으로 넘치지 않게 하는 기능을 한다. 굽은 접시의 다리 역할로 바닥에 편평하게 놓여 안정감을 주는 기능을 하며 때로는 장식이 표현되기도 하는 곳이다. 접시의 내부는 음식 또는 다른 기물이 놓여지는 기능은 물론 장식과 심미적 표현의 공간이 되기도 한다.

(3) 접시의 분류

　서양의 경우는 우리나라와 적용 범위가 다르다. 하버트 리드(Herbert Read)의 이론을 보면 "도자기를 구분할 때 형태에 따른 분류에 있어서 접시와 발을 구분하는 기준은 가운데가 빈 중공형태의 구체에서 1/2인 입구가 표면상의 절반 이하면 사발(bowl)이고 1/4 이하면 접시(dish)가 된다.

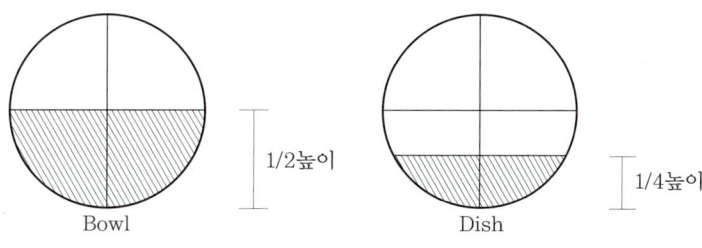

접시의 형태 분석

또한 접시는 보통 디시와 플레이트로 불리는데, 디시는 라틴어의 디스커스(discus : 원형모양)에서 유래하였으며, 볼보다 깊이가 얕고 플레이트보다 약간 깊이(3.9cm)가 있는 접시이다.

서양의 식사는 형태로 그 이름과 역할을 구분하지만, 우리의 식기는 기능으로 구분하기 때문이다. 우리나라의 접시 기형의 종류는, 다양한 물레성형에 의한 종류로 대략 바닥이 편평하며 접시의 기벽이 직각으로 성형된 직구식 접시, 직구식에서 전부분이 사선으로 넓어진 직사식 접시, 바닥과 기벽이 둥글게 이어진 내만 접시, 내만 접시에 제작된 전 접시가 있다.

서양의 경우 디시(dish), 플래터(platter), 플레이트(plate), 소서(saucer), 트레이(tray) 등 5종류로 접시를 구분하며 다음과 같이 정의되고 있다.

첫째로 디시(dish)는 작은 바닥이 편평하고 중공 부분이 약간 깊은 용기를 말하며, 디시는 원반이라는 뜻에서 유래했으며, 볼보다는 길이가 얕고 플레이트보다는 깊다.

둘째로 플래터(platter)는 깊이가 얕은 타원형의 대형 평접시를 말하며, 주요리

를 담을 때 사용한다. 가로 폭이 35cm 정도 되며 뷔페 등의 상차림에서 여러 사람이 덜어 먹을 수 있도록 고기, 생선 등 주요리를 담는다.

셋째로 플레이트(plate)는 운두가 대단히 납작하고 편평한 중접시를 말하며, 라틴어의 plattus(a plat sheet)에서 유래한다. 일반적으로 넓은 전을 하고 있으며, 스프 접시를 받치거나 샐러드, 케이크 등을 담을 때 사용한다.

넷째, 소서(saucer)는 커피잔 등의 일반적인 찻잔 접시, 화분의 받침 접시 등으로도 쓰인다. 접시 중앙에 얹어 놓을 수 있는 위치가 표시되어 있다.

다섯째, 트레이(tray)는 푼주, 쟁반, 음식 접시 등을 말하며, 바닥이 편평하고 수직으로 짧은 기벽을 가진 접시이다.

서양 접시 형태의 종류

명 칭	접시 형태
Dish	작고 바닥이 평평한 준공 부분이 약간 깊은 형태
Platter	깊이가 얕고 타원형의 평접시 형태
Plate	운두가 대단히 납작하고 편평한 중접시 형태
Sauccer	커피잔 등의 일반적인 찻잔의 접시의 형태
Tray	바닥이 편평하며 수직의 짧은 기벽을 가진 형태

서양 식기의 기본 구성품인 디너 세트는 메인이 되는 개인용 접시들이 중심이 되며, 일반적으로 육류 요리를 담을 때 쓰는 27cm의 디너 접시에서부터 23cm의 휘시 접시, 20cm의 샐러드 접시, 18cm의 케이크 접시, 15cm의 빵 접시로 구성되어 있다.

그러나 이 다섯 가지 접시의 종류를 전부 사용하기에는 번거롭기 때문에 최근에는 23cm에서 27cm의 대접시, 17cm에서 20cm의 중접시, 12cm에서 17cm의 소접시를 기준으로 권장되고 있다.

현대에 와서 접시는 공간에서 쓰이는 용도, 음식의 종류, 양의 변화로 형태와 크기가 다양해지고 있다. 근래에 들어 우리나라를 비롯한 여러 나라에서는 각국의 식습관 또는 풍습에 맞는 여러 가지 형태, 크기, 장식을 한 접시가 제조되어 다양한 음식과 식기를 이용한 테이블 세팅도 시도되고 있다. 각자의 스타일에 맞는 접시가 관심의 대상이 되고 있고 여러 가지 실용성 때문에 점차 사용이 증가되고 있는 추세이다. 또한 식생활의 변화로 인해 한식기의 구성에서도 점차 접시의 비중이 커지고 있는 추세이다.

접시가 부식기의 쓰임이 아닌 주식기뿐만 아니라 후식기용 식기 또는 장식용 용기로 다양하게 사용되고 있다.

접시의 재질에 따른 분류는 토기(clayware), 석기(stoneware), 도기(질그릇, earthenware), 미욜리카와 파이앙스(majolica & faience), 크림웨어(creamware), 본차이나(bone china), 자기(pocelin), 기타 등이다.

(4) 접시 형태

요리의 표현은 형태로 다양하게 나타나며, 형태는 쉐이프(shape), 폼(form), 매스(mass), 에어리어(area) 등의 다양한 용어로 불린다. 표시된 이미지가 삼각형, 사각형, 원형, 타원형 등의 특성을 갖게 될 때 이를 쉐이프로, 삼각뿔, 사각뿔, 삼

각기둥, 사각기둥, 원기둥 등 용적과 방향을 나타내는 전체가 되었을 때 이를 폼으로 구분한다.

　이렇게 볼 때 서양 식공간의 테이블웨어(tableware)들은 접시 레이아웃(layout)의 기본을 쉐이프로 확실히 갖춘 후 각 연출가가 무언가 다른 독창적인 요리를 폼으로 표현한 것이 '요리의 디자인'이라 할 수 있을 것이다. 결국 푸드 스타일링의 디자인은 "어떤 형태(shape)의 접시에 무엇을 어떤 형태(form)로 표현하고 싶은 것인가"이다.

　푸드 코디네이터를 화가와 비교할 때 접시는 캔버스에, 식재료는 물감에 비교한다. 요리 디자인에서의 접시 형태의 선택은 연출할 이미지 구도를 미리 설정하여 그 이미지에 가장 잘 부합되는 기본 구도를 택하는 것이라 할 수 있다. 실제 요리를 담을 때 접시 형태는 원형, 사각형, 삼각형, 역삼각형, 타원형, 마름모형 등이 있으며, 이들 접시 형태는 먹는 사람에게 다양한 이미지를 제공한다.

　첫째, 원형 접시는 가장 기본적인 접시로, 편안함과 고전적인 느낌을 준다. 원형은 완전한, 부드러움, 친밀감으로 인해 자칫 진부한 느낌을 가질 수 있으나 테두리의 무늬와 색상에 따라 다양한 이미지를 연출할 수 있다. 색상, 담는 음식의 종류, 음식의 레이아웃에 따라 자유롭고 풍성하게, 고급스럽고 안정된 이미지를 부여할 수 있다.

둘째, 사각형 접시는 모던함을 연출할 때 쓰이며, 황금 분할에 기초를 둔 사각형이 많이 쓰인다. 각진 형태로 인해 안정되고 세련된 느낌과 함께 친근한 인상을 준다. 일반적으로 사용되는 접시는 동그랗기 때문에 사각형 접시는 개성이 강하며 독특한 이미지를 표현할 때 사용한다. 안정감을 가지면서도 여러 가지 변화를 준 재미있는 연출을 할 수 있으므로 창의성이 강한 요리에 활용된다. 친밀감과 함께 이미지의 완성도가 높으면서도 변화를 쉽게 연출할 수 있다.

셋째, 이미지사각(평행사변형, 마름모형 접시) 접시는 사각형이 지닌 정돈된 느낌과 안정감에서 벗어나고 싶다면 선을 비스듬히 한 평행사변형을 사용하여 본다. 변의 길이를 똑같이 나누면 마르모꼴로 된다. 쉽게 이미지가 변해서 움직임과 속도감을 느낄 수가 있다. 평면이면서도 입체적으로 보인다.

주메뉴 접시 형태별 스타일링

명 칭	원형 접시	사각형 접시	이미지사각 접시	이미지 접시	타원형 접시
Beef tenderloin					
Lamb					
Fish					
Vegetarian					

넷째, 타원형 접시는 원을 변화시켜 우아함, 여성적인 기품, 원만함 등을 표현한다. 좌우의 비율을 변화시켜 섬세함과 신비성을 표현한다. 포근한 인상을 전해주는 등 이미지가 다양하므로 여러 가지로 연출할 수 있다.

다섯째, 삼각형 접시는 이등변 삼각형이나 피라미드형, 삼각형 등은 전통적인 구도이다. 코믹한 분위기의 요리에 사용하며, 꽃꽂이나 고대 오리엔탈 시대의 그림에도 많이 사용되었다. 날카로움과 빠른 움직임을 느낄 수 있어, 자유로운 이미지의 요리에 사용한다.

여섯째, 역삼각형 접시는, 삼각형은 먹는 사람의 앞쪽에 중심이 있는데 비해 역삼각형은 그 반대이다. 앞이 좁아 날카로움과 속도감이 증가되고 마치 먹는 사람을 향해 달려오는 것과 같은 효과를 낼 수 있어 강한 이미지를 연출할 수 있다.

PART 04

파티 스타일링

Food coordinate

01 파티의 이해

21세기의 음식 문화에서 건강과 즐거움이라는 두 단어가 도출되면서 인간이 먹고 마시는 것은 생존적 차원과 함께 즐거움과 쾌적성을 추구하는 문화적 차원이며, 가족 간의 유대관계를 돈독히 하기 위한 도구임이 분명하고, 친구나 여러 사람들과의 친목을 돈독히 하기 위한 사교, 정치, 외교 등의 커뮤니케이션 매체가 되었다.

현대는 멀티미디어 시대로 만난 적이 없는 타인과의 교류가 지구적인 규모로 넓어졌고 사람과 사람이 얼굴을 맞대고 대화를 통해 교류를 깊게 하는 커뮤니케이션의 중요성 또한 커지고 있다. 사람과 사람이 모여 감동을 공유하는 파티는 21세기에의 제언이라고도 할 수 있다.

파티는 평범함 속에서 특별한 이벤트를 마련해 주는 것이다. 이런 의미에서 즐거운 파티 연출을 위해서 철저한 사전 준비를 하고 어수선한 파티나 의미 없는 파티로 끝나지 않도록 먹거리, 즐길거리, 볼거리 등의 요

소를 적절히 조화시켜 모임의 목적에 맞는 공간 연출이 이루어질 수 있도록 한다면, 소수의 특수층만이 영위하는 파티 문화가 아닌 누구나가 향유할 수 있는 파티가 될 것이다.

파티란 사람들과의 만남으로 '친목도모와 기념일을 위한 잔치나 모임'으로 정의할 수 있다. 또한 어떤 주제가 있는 모임으로, 사람을 중심으로, 음식과 공간이 함께하는 사교적인 식공간이다.

20세기 후반 도시화, 산업화가 진행되고 대가족 중심에서 핵가족 중심 가족제도, 그리고 취업 여성 증가와 함께 온 독신에 대한 개념 변화 등 다양한 사회적·경제적 변화로 우리나라에도 서양의 파티 문화가 도입되었다. 이에 따라 멋있는 상차림과 동시에 특색 있는 공간에서 즐기는 간편한 파티 문화를 찾는 현상이 나타났다. 더불어 사회 구조가 다원화되면서 획일화보다 차별화 개성을 중시하는 분위기로 변해가면서 음식의 패션화 현상이 나타났다.

이렇듯 음식의 패션화, 우리나라에 사교 문화 모임의 발달로 90년대 초에만 해도 생소한 개념의 파티는 후반기에 접어들면서 특수층만이 영위하는 것이 아닌 전 세대에 걸쳐 편안한 느낌을 주는 모임 형식의 파티가 등장하는 것으로 보아 보편적인 의미로 변해가고 있다.

파티라고 하는 것은 같은 목적을 근본으로 모인 집단을 의미한다. 축하하고 즐기는 등 사교적 집합으로 친구나 지인 등으로 구성된 결혼 피로연, 연중 기념 행사, 비즈니스 파티까지의 모임을 말한다. 동시에 사람과의 만남, 정보 수집, 자기를 높이기 위함에도 파티는 적절하다.

파티의 형식으로는 포멀 파티(formal party)부터 홈 파티(home party)까지, 목적별로는 비즈니스 파티(business party), 웨딩 파티(wedding party) 등 다양하며, 현대는 구미의 영향을 받아 파티지향이 강해지고 결혼 피로연 등도 테마를 가진 커뮤니케이션 형태의 웨딩 파티로 변화해 가고 있다. 또 기업 등에서는 판매 촉진을 위한 이벤트 파티가 행해지고 있다 .

우리나라의 경우를 본다면, 파티의 개념이 들어온 것은 서양 문화가 도입되면서부터였으나 대중적으로 확산된 시기는 기업의 마케팅 방식이 파티 문화의 대중화에 기여했다고 할 수 있다.

파티 마케팅이란 공급자가 소비자(고객)의 요구를 미리 파악하고, 이를 충족시키기 위해 효율적으로 계획, 실천, 통제하는 활동을 말하는데 최근에는 마케팅 측면의

기업 마케팅 파티

오프닝 파티 - 기자회견장 연출

오프닝 파티 - 전시장 행사

케이터링 회사의 예 1

케이터링 회사의 예 2

고객관리를 위해 파티를 주최하는 추세이다. 일종의 상품 판매 촉진(promotion)의 방법으로 파티를 이용한다.

젊은층에게 파티가 점점 확산되고 있는 가운데 파티를 주최 또는 후원하는 방식으로 마케팅을 펼치는 새로운 기법이 도입되고 있다. 호텔이나 외제 자동차 업계, 패션 및 화장품의 명품 브랜드뿐 아니라 소규모 레스토랑과 가라오케의 런칭 이벤트가 파티로 이루어진다.

이는 시장에서 경쟁이 치열해질수록 새로운 아이디어로 고객 유치를 하기 위해 파티를 마케팅 수단으로 이용하고자 하는 것이며 고객관리 측면에서 일반화되어 가고 있는 생일, 기념일에 이메일을 발송하는 정도를 넘어 고객들을 위한 파티를 개최함으로써 안정적인 고객 유치를 하기 위한 것이다.

즉, 파티란 초대한 사람과 초대받은 사람의 기쁨과 즐거움일 수 있으며, 대인관계에서의 진정한 커뮤니케이션 도구이며, 엔터테인먼트의 확장된 새로운 분야이다.

2000년대 초반, 특별한 소수의 파티 문화로 운영되던 파티업계는 2000년대 중반부터는 푸드 코디네이터가 운영하는 파티업체의 증가로 케이터링 및 스타일링의 차별화로 한층 업그레이드된 파티 문화로 확산되어 가고 있다.

Food coordinate

02 파티의 종류

파티의 종류는 파티 목적과 시간대에 따라 나눌 수 있으며 크게 기업체 파티와 개인 파티로 나눌 수 있다. 개인 파티(pesonal party)의 종류에는 생일 파티, 기념일 파티, 베이비샤워, 웨딩 파티, 돌잔치, 회갑연, 연주회 등이 있고, 기업체 파티(business party)에는 회사 오프닝 파티, 신제품 런칭 파티, 테마 파티, 리셉션, 고객 사은 초대회, 각종 시상식, 송년회, 신년회 등 각종 사내 이벤트 파티가 있다.

시간별로 보면, 아침 일찍부터 모이는 블랙퍼스트 파티, 브런치 파티, 런치 파티, 오후의 티 파티, 초저녁의 칵테일 파티, 디너 파티 등으로 구분된다.

목적별로는 생일 파티, 기념 파티, 리셉션, 크리스마스 파티 등 다양하게 분류된다.

원하는 목적에 따라 파티 종류가 정해지면, 그 다음에는 어떤 스타일의 파티로 꾸밀 것인지 결정해야 한다. 아주 격식 있는 분위기로 할 것인지 캐주얼한 분위기로 할 것인지 각자 음식을 준비해 모이는 포틀럭

(potluck) 파티를 할 것인지 아니면 정원에서 바비큐 파티를 열 것인지 등등 자신이 정한 테마에 맞추어 파티 스타일을 정하고 그에 따라 준비에 들어간다.

예를 들어, 출산 전에 갖는 베이비 샤워의 경우, 파티에 초대되는 이들이 대부분 출산을 앞둔 예비엄마 혹은 여성이라는 점을 감안해 낮 시간에 간단한 캐주얼 스타일로 차리는 것이 일반적이다. 음식은 간단하게 셀프서비스 할 수 있는 샌드위치나 김밥 종류로 구성하며, 아이와 연관이 있으므로 강렬한 색상보다는 파스텔 톤의 노란색과 하늘색, 분홍색을 주된 컬러로 꾸민다.

이와 같이 파티의 종류에 따라 초대하는 사람과 예산 메뉴 등을 메모하면서 구체적인 사항을 하나씩 계획해 나가는 것으로 시작한다.

PART 04 | 파티 스타일링

• 목적에 따른 파티의 종류

분류	파티의 종류
pesonal party (개인 파티)	생일 파티, 기념일 파티, 베이비샤워, 웨딩 파티, 백일 파티, 돌 파티, 회갑연, 칠순 잔치, 은혼식, 금혼식, 연주회 등
business party (기업 파티)	시즌 파티, 런칭 파티, 테마 파티, 리셉션 등 신제품 발표회(런칭) : 화장품, 자동차 사은 초대회 : 백화점, 건설사 각종 시상식 : 공모전, 영화제 사내 이벤트 : 송년회, 이전기념식

• 식사 스타일과 시간에 따른 파티의 종류

분류	파티의 종류
식사 스타일	buffet, standing buffet, banquet, lunch-box
식사 내용	full course, A la carte, finger food
식사 시간	breakfast (continental / american / english / buffet) brunch, lunch, luncheon, tea break dinner night snack

(1) 칵테일 파티

가장 많이 행해지는 파티로 부담을 주지 않고 형식에 얽매이지 않는 파티라 할 수 있다. 칵테일 파티는 주로 창업 기념식, 송년 파티, 갤러리의 전시회 등에서 즐기는 행사이다.

간단한 칵테일과 함께 담소를 나누는 칵테일 파티는 무엇보다 매너 있는 태도가 중요하다. 하지만 처음 칵테일 파티를 접하는 사람이라면 좀 생소한 음료와 메뉴로 당황할 때가 많다.

우선 칵테일 파티에 대해 간단히 설명을 하면, 칵테일 파티는 칵테일을 주로 하고 안주를 곁들여 내는 사교행사로, 주로 뷔페 형식을 겸하고 있다.

뷔페 파티에서는 식사를 위주로 하지만, 칵테일 파티에서는 술과 안주를 위주로 한다. 그래서 자리에 앉지 않고 서서 식사하는 것이기 때문에 손이나 포크만으로 먹을 수 있는 요리를 준비하는 것이 일반적이다. 주로 나오는 음식은 핑거 푸드가 많이 나오며 칵테일 파티에서의 음식은 부수적인 것이므로 푸짐하게 차렸다 하더라도 저녁식사 대신으로 생각해 많이 먹는 것은 보기에 좋지 않다.

칵테일 파티도 뷔페 파티와 마찬가지로 사교가 주목적이 되는 모임이다. 따라서 가능한 자리를 바꿔가며 많은 사람과 환담하는 것이 손님으로서의 예의이다. 친한 사람들하고만 모여 있지 않는 것이 좋은데 다른 사람들에게 실례가 될 수 있기 때문이다.

칵테일 파티에는 다양한 칵테일과 음료가 나오는데 주로 슬로우진, 진토닉, 페파민트, 위스키 등 기본적인 칵테일을 비롯해 좀 더 다양한 메뉴가 나올 수도 있다.

또한 칵테일을 마실 때는 단번에 마시지 말고 잔을 기울여서 조금씩 마시는 게 예의라는 걸 알아두면 좋을 것이다. 그리고 차게 해서 마시는 칵테일은 물방울이 떨어지는 것을 막기 위해 종이냅킨으로 글라스를 싸서 마시도록 한다. 또 음료나 칵테일을 마시고 싶을 때는 웨이터가 마실 것들을 갖고 돌아다니고 있을 때나, 어느 때나 요청해 마시면 된다. 아니면 마시고 싶은 것을 가져다 달라고 해도 되지만 너무 마셔서 취하는 것은 곤란하다.

파티에서는 평균 1인당 2잔 반 정도가 적당하다. 칵테일 파티에서는 다른 사람에게 술을 너무 강요하는 것도 예의에 어긋난다는 사실을 명심해야 할 것이다.

옷차림은 파티 분위기에 맞추는 게 좋고, 칵테일 파티에서는 여성의 경우 우아한 원피스나 단정한 스커트 차림이 잘 어울린다. 거기에 잘 어울리는 악세서리를 한다면 한 층 더 우아하게 보일 것이다.

(2) 와인 파티

최근 와인 문화의 대중화로 와인이 주가 되는 파티가 성행하고 있다. 와인과 함께 하는 파티는 분위기를 한층 더 띄워 준다. 와인 파티에서는 와인의 종류가 가장 중요하다. 와인을 제대로 즐기기 위해서는 마시는 순서가 있고 와인을 선택한 후 음식 메뉴가 결정되기 때문이다.

식전주로는 부담 없는 스파클링 와인이 좋은데, 얇게 썬 햄이나 소시지, 절임 올리브, 비스킷 같은 아주 간단한 핑거푸드를 준비한다. 식사를 하기 전 사람들이

모이기를 기다리면서 가볍게 즐긴다. 프랑스의 샴페인이나 이탈리아의 스푸만테 같은 스파클링 와인이면 적당하다.

그 다음은 에피타이저와 함께 가볍게 즐길 수 있는 와인을 고른다. 화이트 와인으로 준비한다. 프랑스 보르도의 드라이 화이트 와인, 부르고뉴의 샤블리, 미국 캘리포니아의 샤르도네 등을 추천한다. 하지만 꼭 화이트 와인을 마셔야 한다고 정해진 것은 아니다.

화이트 와인까지 준비하기 부담스러우면 바로 메인이 되는 레드 와인으로 넘어간다. 메인 요리에는 레드 와인을 내놓으면 좋다. 프랑스 보르도나 칠레, 호주, 미국의 까베르네 소비뇽 등을 고르면 실패하지 않는다.

마지막으로 달콤한 디저트와 함께할 스위트 와인을 준비하면 완벽하다. 독일이나 캐나다의 아이스 와인, 소테른의 귀부 와인, 스페인의 셰리, 포르투갈의 포트 와인 그리고 헝가리의 토카이 중에서 고른다. 디저트로 치즈를 선택했다면 스위트 와인보다 화이트 와인을 준비한다. 일반적으로 대부분의 치즈는 화이트 와인과 잘 어울리기 때문이다.

격식을 차리지 않아도 되는 뷔페식 파티나 캐주얼한 파티라면 디저트 와인은 생략하고 스파클링 와인, 화이트 와인, 레드 와인으로 정하되 와인의 양을 좀 넉넉하게 준비한다.

디너 파티에선 호스트가 와인을 직접 손님들에게 따라 주지만, 캐주얼 파티에서는 테이블 위에 병째 놔두고 손님들이 자유롭게 따라 마시도록 하는 게 좋기 때문이다. 와인을 서빙하기 전에는 호스트가 테이스팅해 보고 와인의 맛과 향을 가늠해 보는 것도 빠뜨리지 말자.

일반적으로 와인 1병이 750ml인데 레드 와인은 7~8잔, 화이트 와인은 8~9잔 정도가 나온다.

1인당 3~4잔 정도 마신다고 가정한 다음 와인 수량을 정한다. 1인당 평균 반 병 정도 마신다고 가정해 계산하면 편리하다. 예를 들어, 파티 인원이 10명이라면 총

5병을 준비한다. 스파클링 와인 1병, 화이트 와인 2병, 레드 와인 2병을 준비하면 된다. 와인을 마시는 순서는 보통 라이트한 와인에서 진한 와인으로, 숙성이 덜 된 와인에서 올드 빈티지 와인 순으로 잡으면 무난하다. 오래된 와인이 없다면 빈티지가 최근인 와인부터 마시면 되는데 2005년산을 먼저 마시고 2002년산을 나중에 마신다.

*화이트 와인(white wine)

황금색 또는 색깔이 없는 와인으로, 백포도로 만들거나 껍질을 포함하지 않은 적포도로 만든 와인을 통칭한다. 보통 저녁 식사 전에 마시거나, 파티 등에서 마시는 가벼운 와인이다. 날씨가 더울 때도 특히 인기가 있는데, 레드 와인과는 달리 시원하게 해서 마시기 때문이다.

화이트 와인은 달콤함이 느껴지지 않고 쌉쌀한 것(피노그리, 샤블리 등의 이탈리아 화이트 와인), 참나무 향이 나며 쌉쌀하고 맛이 진한 것(캘리포니아산 샤르도네, 프랑스 부르고뉴의 화이트 와인), 그리고 쓰지 않고 달콤한 화이트 와인(대부분의 미국, 독일의 저렴한 화이트 와인)으로 나눌 수 있다.

*레드 와인(red wine)

붉은 포도로 만들어져 붉고 장미빛을 띠는 와인을 통칭한다. 레드 와인이 붉은 것은 포도즙이 발효하면서 포도 껍질의 색을 흡수하기 때문이다. 화이트 와인에 비해 그 가짓수가 다양하다. 레드 와인은 보통 차게 마시지 않는데, 이는 차가워지면 타닌의 쓴맛이 매우 강해지기 때문이다.

레드 와인은 맛이 진하지 않고 약간 텁텁한 맛을 내는 것(프랑스산 보졸레, 미국과 남미산 저렴한 와인), 타닌 성분이 적당히 함유되어 있는 것(프랑스의 보르도, 이탈리아의 키안티, 미국산 메를로), 그리고 아주 진한 맛을 내는 것(프랑스산 최상급 보르도, 캘리포니아산 까베르네 소비뇽) 등이 있다.

●● 와인 마시는 순서

1. 기본은 '가벼운 맛에서 진한 맛으로, 드라이한 맛에서 스위트한 맛으로'

레스토랑에서 서로 다른 두 종류의 와인을 주문하거나 와인 파티에 각자 와인을 들고 왔을 경우 과연 어떤 와인부터 마시면 좋을지 고민되는 일이 종종 있다.

와인마다의 특징을 충분히 음미하면서 즐기기 위해서는 기본적으로 가벼운 것부터 시작해 진한 맛으로 넘어가는 게 좋다. 바디, 즉 혀로 느끼는 와인 맛의 무게에 차이가 있을 경우에는 가벼운 와인을 먼저 마시고 난 후 좀 더 무거운 와인을 마신다. 어린 와인과 오래된 와인의 경우 어린 것에서 시작해 오래된 것으로, 드라이한 것에서 스위트한 것의 순서로 마시는 것이 적당하다. 이 순서가 반대로 되면 각각 와인의 독특한 맛을 제대로 음미할 수 없게 된다.

예를 들어, 경쾌한 느낌의 맛이 특징인 와인을 무거운 와인 뒤에 마시면 옅은 맛 이외에는 느낄 수가 없다. 스위트한 와인 뒤에 드라이한 와인을 마시면 드라이한 맛을 강하게 느끼게 되어 그 와인의 깊은 풍미를 음미할 수 없게 된다. 와인의 종류를 바꿀 때에는 글라스도 새것으로 바꾸거나 글라스를 물로 씻어낸 후 이용한다.

2. 타입의 차이를 알고 늘어놓는 순서를 생각한다.

• 가벼운 맛 → 무거운 맛

가볍고 경쾌한 맛의 와인을 먼저 마시고 진한 맛의 와인은 나중에 마신다.

순서를 반대로 해서 마시면 가벼운 맛의 와인은 더욱 가볍게 느껴져서 그 와인의 가볍고 경쾌한 맛을 느낄 수 없다.

• 어린 것 → 오래된 것

어린 와인은 신선한 맛이 그 매력이다. 그 맛을 마음껏 느끼고 난 후에 충분히 숙성된 짙은 맛의 오래된 와인을 마시는 것이 어린 와인이 가지고 있는 그 나름의 맛을 제대로 즐길 수 있는 요령이다.

- 심플한 맛 → 복합적인 맛

적당한 가격의 와인은 일반적으로 맛이 심플한 편이다. 고급 와인일수록 맛이 복잡해진다. 복합적인 맛의 와인 뒤에 심플한 와인을 마시면 뭔가 부족한 느낌을 받는다.

- 드라이한 맛 → 스위트한 맛

드라이한 맛의 좋은 점은 목으로 넘어갈 때의 깔끔함과 풍부한 풍미다. 스위트한 와인 뒤에 마시면 드라이한 맛의 와인이 주는 독특한 맛을 느낄 수 없다.

- 화이트 와인 → 레드 와인

레드 와인은 화이트 와인에 비해 맛이 짙기 때문에 레드 와인을 먼저 마시면 그 무게가 혀에 남아 화이트 와인의 과일 향을 충분히 즐길 수 없다.

●● 와인과 대표적 품종

와인의 맛을 결정하는 가장 큰 요소는 와인에 사용하는 포도의 종류이다. 한 가지를 쓰기도 하고 몇 가지를 블렌딩하기도 한다. 하지만 같은 종류의 포도로 만든다고 해도 만드는 방법과 산지에 따라 맛이 천차만별이다.

red grape - 까베르네 소비뇽

white grape - 샤도네이

*적포도(red grape)

- **까베르네 소비뇽 (Cabernet sauvignon)**

레드 와인의 원료가 되는 포도 품종 중 가장 유명한 품종이다. 이 포도의 4대 특성은 포도 알이 작고 색깔이 진하다. 껍질은 두껍고, 과육보다 씨가 차지하는 비율이 높다. 이것은 이 포도가 주 원료로 하는 와인이 많은 탄닌을 갖게 해준다. 그래서 보관 기간도 길어지고 이 포도의 두꺼운 껍질은 짙은 벽돌 색을 내어 블라인드 테이스팅에서도 쉽게 구별할 수 있다. 주요 생산지는 프랑스 보르도의 메독(Medoc) 지역이지만, 요즘은 기온이 낮은 독일을 제외하고는 세계 전역에서 생산되고 있다.

- **까베르네 프랑(Cabernet franc)**

주로 까베르네 소비뇽과 혼합되어 사용되는 품종이다. 이 품종은 까베르네 소비뇽보다 색과 탄닌이 옅고 결과적으로 빨리 숙성이 된다. 이 포도로 만들어진 유명한 와인으로는 슈발 블랑(Cheval blanc)이 있다. 이 품종에 도전한 신흥 와인 생산국이 몇 안되서 아직 이들 국가들에서는 이 품종으로 만든 고급 와인이 많이 생산되지 못하고 있는 실정이다.

- 삐노 누아(Pinot noir)

프랑스 부르고뉴(Bourgogne/Burgundy) 지방의 대표적 포도 품종으로 이 품종을 사용하는 부르고뉴산 레드 와인은 보르도산 와인보다 색이 옅다. 재배하기도 어렵고 성공적인 와인으로 만드는 것 또한 아주 까다로운 품종이지만, 성공했을 때는 체리, 민트, 라스베리, 송로 등의 향이 부드럽게 조화된 우아한 향기와 맛을 갖게 된다.

- 멜로(Merlot)

까베르네 소비뇽과 비슷한 성격을 가지나, 탄닌이 적고 블랙 커런트 맛이 덜하다. 그래서 이 포도가 들어간 와인은 까베르네 소비뇽으로 만든 와인에 비해 맛이 더 풍성하고 부드러우며 포도 과즙에 가까운 느낌을 준다. 멜로는 프랑스 보르도 지방에서 주로 사용되며 특히 뽀므롤(Pomerol) 지역의 대표적 포도 품종이며 이외에도 칠레, 남아프리카, 이태리, 헝가리, 불가리아 등에서 많이 재배되고 있다.

- 갸메(Gamay)

부르고뉴 지역 남쪽에 위치한 보졸레(Beaujolais) 지방의 대표적 포도 품종으로 보졸레 노보와 보졸레 빌라지에 들어가는 포도 품종이다. 색이 아주 연하고 핑크색에 가까우며 시큼한 맛이 강한 것이 특징이다.

- 진판델(Zinfandel)

미국 샌프란시스코 위쪽에 위치한 유명한 나파 밸리(Napa valley) 지역의 대표적 포도이지만, 그 근원은 이태리로서 아주 특이한 품종이다. 다양한 스타일의 와인으로 만들어지지만, 드라이하고 견고한 맛의 구조를 가진 와인이 이 포도에 가장 잘 어울린다.

- 시라(Syrah / 쉬라즈(Shiraz))

페르시아가 원산지이나 프랑스 론(Rhone) 지방 최고의 포도 품종으로서, 만들어진 유명한 와인에는 '에르미타쥬(Hermitage)'가 있다. 호주의 기온이 낮은 지역에서도 잘 자라는 포도로, 호주에서는 '쉬라즈'로 불리는 포도 품종이다. 탄닌 성분이 강하며 스파이시한 향기가 짙은 특징이 있다.

• 네비올로(Nebbiolo)

이탈리아 북부의 유명한 포도 지역인 피에몬테(Piemonte) 지방에서 사용되는 주 포도 품종으로, 이태리 최고의 적포도주인 바롤로(Barolo), 바르바레스코(Barbaresco)에 사용된다. 이 포도는 숙성이 덜 된 상태에서는 굉장히 탄닌이 많고 거칠어 완전히 숙성되기까지는 오래 걸리는 특징이 있다.

• 산죠베제(Sangiovese)

이탈리아의 가장 유명한 포도주 끼안티(Chianti)의 주포도 품종으로, 산도가 풍부하며 오랜 숙성 후에는 아주 부드럽고 화려한 맛을 내는 포도 품종이다. 이 포도에는 딸기향과 담배, 허브 등의 향이 복합적으로 나타나 많은 와인 매니아를 확보하고 있는 품종이다.

*백포도(white grape)

• 샤도네이(Chardonnay)

프랑스의 가장 잘 알려진 화이트 와인용 포도 품종이다. 프랑스 부르고뉴 지방에서 화이트 와인을 만드는데 주로 사용하는 품종이며, '샹빠뉴(Champagne)' 지방에서도 이 포도가 사용되고 있다. 열대과일향, 메론향, 감귤향이 일반적으로 감지되며 많은 경우 오크통에 숙성을 시켜 보다 복잡 미묘한 와인으로 생산되고 있다. 다른 포도 품종과 블랜딩 되는 경우가 거의 없으나, 최근에 들어서 쎄미용과 블랜딩 된 경우도 있다.

• 슈냉 블랑(Chenin blanc)

프랑스 남부 르와르(Loire) 지방에서 재배되는 품종으로 높은 산도(acidity)가 특징인 포도 품종이다. 프랑스 이외에는 남아프리카, 캘리포니아, 호주 그리고 뉴질랜드에서 재배되고 있다.

• 리슬링(Riesling)

독일 화이트 와인의 최상급 포도 품종으로, 단맛과 신맛이 강한 포도이다. 이 포도는 기온이 낮은 기후에서 잘 자라서 독일과 프랑스의 알자스, 그리고 호주에서 재배되고 있다. 이 포도는 다른 화이트 와인용 포도에 비해 오래 숙성될 수 있는 성격을 가지며, 오랜 숙성 후에도 신선한 과일향과 산도를 잃지 않는 특징이 있다.

- **뮐러 투루가우(Muller-thurgau)**

리슬링과 실바너의 교배종으로 독일 화이트 와인의 주종으로 사용된다. 이 포도로 만든 와인은 부드럽고 산도가 낮으며, 약간의 포도껌 향을 갖고 있다.

- **실바너(Sylvaner)**

예전에는 독일에서 가장 많이 재배되었던 포도였지만, 자생력이 더 강한 뮐러 투루가우 종으로 대체되고 있다. 또한 근원지라고 알려져 있던 오스트리아에서도 그 재배향이 많지 않다. 연한 과일 향과 산도가 특징적이며 이 포도의 보다 정확한 명칭은 Gruner silvaner로 비슷한 이름을 갖는 Blauer silvaner과 혼동해서는 안된다.

- **소비뇽 블랑(Sauvignon blanc)**

프랑스 보르도 지역에서 화이트 와인에 사용되는 대표적 포도 품종이다. 프랑스 르와르 지역과 뉴질랜드에서도 이 포도로 와인을 만들고 있다. 아주 드라이하며 향기가 독특하며 스모키한 냄새가 특징적이다.

- **쎄미용(Semillon)**

과일향기가 아주 독특하며 신맛이 강하지 않고 황금색에 가까운 아름다운 색을 갖는 와인이 되는 이 포도는 프랑스 메독 지역 남부의 쏘테른(Sauternes) 지방에서 주로 사용되는 아주 부드럽고 달콤한 맛의 품종이다. 이 품종의 주요 임무는 소비뇽 블랑과 함께 콤비를 이루는 것으로, 복숭아향의 부드러움은 소비뇽 품종의 상큼하고 깔끔한 맛이 갖는 부족한 부분을 아주 잘 채워 준다. 이 둘의 조화가 절정을 이루는 와인으로는 쏘테른(Sauternes)과 발삭(Barsac)이 있다.

●● 와인과 치즈

잘 숙성시킨 치즈 한 조각과 와인 한 잔, 그리고 방금 오븐에서 꺼낸 한 조각의 빵(호밀빵), 이 세 가지를 프랑스에서는 음식에 있어서 '성 삼위일체'라고 부른다고 한다.

치즈는 단백질이 아미노산으로 분해된 상태로 인체의 흡수율이 매우 높고, 특히 필수아미노산이 풍부하다. 또한 그 흡수율도 93% 정도로 매우 높다. 여기에 와인이 추가될 경우 알콜로 인해 영양소의 체내 흡수를 더욱 촉진시키고, 치즈의 필수아미노산인 메티오닌은 알코올 분해를 촉진하고 간장을 보호해 준다.

그럼, 어떤 치즈를 어떤 와인과 함께 먹는 것이 좋을까?

치즈와 와인은 물론 서로가 잘 어울리는 음식들이고 '같은 지방', '상반되는 맛' 등의 규칙에 의해 어울린다고 알려진 치즈와 와인 조합은 많지만 절대적인 기준은 아니다.

치즈와 와인을 서로 어울리도록 먹고 싶다면 우선적으로 가벼운 화이트 와인과 함께 먹어보도록 권해지고 있지만 개인적인 취향이 레드 와인이라면 가능하면 좀 더 레드와인과 잘 어울리는 치즈들을 찾는 것이 좋다.

• 하드 타입

경성치즈라고도 하는데, 한마디로 딱딱한~치즈를 말한다. 수분이 적고 숙성기간이 1년 정도로 길다. 숙성이 잘 되면 아미노산이 증가되어 치즈에서 단맛이 나고, 잘 안되면 쓴맛이 난다. 쓴 맛보다는 쌉쌀한 맛이 좋은 치즈라고 한다.

보포르, 콩테, 그뤼에르, 에멘탈이 여기에 속하고, 하드타입 치즈에는 진한 감칠맛이 나거나 신맛이 나는 와인이 좋다고 한다.

• 세미하드 타입

반 경성치즈라고 하며, 기본적으로 하드타입계라서 수분이 적다.

하드 타입과 마찬가지로 단맛이 나며 고소한 향이 난다. 고다, 체다, 에담이 여기에 속하며, 맛이 진하거나 강하지 않은 가볍고 순한 맛 와인이 적합하다.

- 푸른곰팡이 타입

치즈 내부에 푸른곰팡이가 들어있는 치즈를 말하며, '블루치즈' 라고도 하는데, 대체로 짠맛이 강하고 강한 자극성이 있는 치즈이다. 프랑스의 자랑 로끄포르가 여기 속하며, 블루도베른뉴, 고르곤졸라 등이 있다. 감칠맛이 나는 레드와인이 적합하다.

- 소프트 타입

흰 곰팡이 연성치즈로 초보자 들이 가장 경험하기 좋은 치즈라고 한다. 겉에 하얀 곰팡이가 형성되어 있는 것을 볼 수 있고, 매우 부드러워 끈적인다는 느낌이 들 정도라고 한다. 생치즈와 달리 2~6주간 숙성시키는 이 형태에는 치즈의 여왕이라 불리는 브리와 까망베르, 샤오스 등이 있다. 소프트 타입의 치즈에는 산뜻한 와인이 좋다고 한다.

- 프레시 타입

생 치즈라고도 하며, 가장 숙성이 안 된 타입으로 두부같은 느낌에 크림 맛이 많이 나며, 후에 마늘향 등의 향신료가 들어간 경우도 있다. 향신료가 들어가지 않은 상태의 경우 거의 치즈 냄새가 안 나서 치즈의 독특한 향을 즐기기에는 약간 부족하다.

여기에 속하는 치즈로는 모짜렐라, 커티지 등이 있다. 커티지의 경우 지방함량이 가장 낮다고 한다. 프레시 타입의 치즈에는 과일향이 나는 와인에 적합하다.

- 워시 타입

치즈가 숙성된 후 치즈의 표면을 소금물이나 브랜디로 씻어내어 만드는데 이 과정을 통하여 독특한 향이 나게 된다. 특유의 냄새가 매우 강하지만 감칠맛이 있어서 블루치즈와 함께 많은 사랑을 받고 있다.

그 종류로는 퐁 레베크, 묑스테르, 에프와스 등이 있는데, 진한 맛의 와인이나 과일향의 레드 와인이 잘 어울린다.

- 셰빌 타입

기본적으로 염소젖, 산양젖으로 만든 치즈를 뜻한다. 숙성에 따라 연한 맛에서 지독하게 톡 쏘는 맛이나 신맛까지 다양한 맛이 나기도 하는데, 숙성이 더욱 진행되면 신맛이 없어지고 단맛이 난다. 셰빌 타입의 치즈에는 샤비슈, 발랑세, 피코동 등이 있고, 떫은맛의 와인이 어울린다.

> **TIP**
>
> **치즈에 맞는 와인을 고를 때 고려할 점**
> - 치즈가 흰색에 가깝거나 신선할수록 맑고 과일향이 강한 와인과 잘 어울린다.
> - 레드 와인보다는 화이트 와인이 더 많은 종류의 치즈와 어울린다.
> - 매끄러운 질감의 기름기 많은 치즈는 역시 매끄럽고 기름진 느낌의 와인과 어울린다.
> - 좋은 신맛이 나는 와인은 아주 짠맛의 치즈와 잘 어울린다.
> - 맑은 맛의 샴페인은 폭신폭신한 흰색 표면을 가진 치즈와 잘 어울린다.

(3) 티 파티

티 파티(tea party)는 영국에서 유래된 여성들의 사교모임이다. 영국에서는 자연을 귀하게 여기기 때문에 직접 만든 것을 존중하고, 티 파티를 열 때도 진정한 의미의 '마음이 담긴' 것을 중요하게 여긴다.

영국 홍차 문화의 내용은 하루에 몇 번이고 마시는 일상성(日常性), 두 세 잔을 마시는 넉넉함, 우유를 듬뿍 넣어 마시는 실용성, 탐미구심(探美求心)의 우아한 분위기의 특징을 가지고 있다.

또한 영국 홍차 문화의 특징은 우정의 표현이다. 영국 홍차에선 차를 함께 나눈다는 것은 차를 나누는 형식적인 관계보다 친밀한 우정의 교환을 의미한다. 즉, 교제의 시작을 알리는 것이다. 그것은 동양의 다도에서 볼 수 있는 딱딱하고 부자연스러운 분위기와는 다른 지적 교류를 즐기면서 사교적인 기회를 공유할 수 있게 하는 특징이 있다. 더불어 티 타임은 번거로운 음식준비 없이도 얼마든지 손님을 정성스럽게 대접할 수 있는 장점이 있어서 집안의 경조사 후의 손님 접대나 축하연, 회사나 일반 가정의 오픈식, 다양한 목적을 가진 모임 등에 활용할 수가 있다.

하지만 티 파티는 영국 상류 계층의 문화에서 비롯되었으므로 예의 바르고 점잖은 분위기에 콘셉트를 정하며 계획하는 것이 중요하다.

티 파티는 분위기를 즐기는 것이므로 모임의 성격이나 계절에 따라 잘 어울리는 것으로 준비하는 것이 좋다. 보통 티 파티에서는 하얀색이나 크림색 등 단색의 깔끔한 테이블클로스와 같은 재질의 냅킨을 준비한다. 세팅 아이템으로는 은제품이나 도자기로 된 트레이, 핫 포트, 티 포트, 밀크 포트, 설탕 포트, 티 스트레이너, 레몬 담는 접시 등을 준비한다. 개인마다 찻잔과 냅킨, 포크, 접시를 두어야 하는데 찻잔은 꽃무늬가 있는 것이나 너무 튀지 않은 심플한 것을 사용한다.

티 파티에서의 메인은 음식이다. 홍차 파티이기 때문에 홍차가 주가 되는 것은 아니며 파티의 테마를 '홍차'로 정한 경우로 구입하기 어려운 시즌 티를 시음하거나, 특별한 홍차를 소개하고 싶을 때와 같이 특별한 경우를 제외하고 테마에 맞는 음식과 홍차를 선정한다.

일반적인 음식으로는 연어, 햄, 계란, 치즈, 야채(오이)등을 사용한 샌드위치, 구

운 과자로 스콘, 파운드 케이크, 머핀, 쇼트 브레드, 비스켓, 단과자로는 타르트, 쇼트 케이크, 초콜릿 케이크, 파이류 등이 대표적이다. 이것은 영국의 티 파티 음식으로 자주 나오는 것이나 이 이외에도 서양 핑거푸드나 카나페, 또 일본의 화과자, 한국의 떡이나 병과류, 다식류 등도 티 파티 음식으로 적절하다.

아직까지는 가족에 많이 집중되어 있는 파티 시장을 앞으로는 친구, 지인, 타인들 간의 사교적인 모임 등에도 더욱 확신시켜야 할 것이며 파티 문화를 다양한 장르의 콘셉트를 가지고 고객들에게 다가 갈 수 있는 가능성을 내포할 수 있어야 한다. 영국식 티 파티는 우정의 교환을 전제로 하고 있으며 주최자의 서비스 정신을 발휘하여 상호간의 원활한 의사 소통을 최종 목적으로 갖고 있다.

회식 시장이 커지고 새로운 외식 문화가 형성되고 있지만 대부분의 파티는 아직까지 일반인들에게 생소하게만 느껴지고 있다. 일반 대중의 생활에 자연스런 커뮤니케이션의 수단으로 최고의 서비스를 전달할 수 있도록 소비자의 기호 성향을 파악하여 영국식 티 파티 문화의 양상을 가미할 수 있다면 간편한 음식 준비로 경제적인 부담을 줄이고 무리하지 않으면서 자신의 목적에 맞는 연회의 분위기를 연출할 것이다.

(4) 기타 파티

세계 각국의 다양한 생일 문화로는 서양의 베이비 샤워(baby shower), 유아 세례식, 생일, 첫 성찬식(first communion), 13세 파티(thirteen birthday), 16세 파티(sweet sixteen birthday), 사교계 데뷰 파티(debudant) 등과 우리나라의 출생 의례, 백일잔치, 돌잔치, 성년식, 환갑잔치 등이 있다.

●● 베이비 샤워 (Baby shower)

결혼한 두 사람에게 새로운 가족이 탄생하게 될 것을 친지들이 출생 3~4개월

전에 축하해 주는 파티이다. 출산 직전의 임산부와 태어난 아기를 축하하는 파티이며, 장소는 임산부의 집 또는 친구의 집 등 특별히 정해져 있지 않다. 출산, 유아용품 등을 선물로 가져와서 몸이 무거운 아기엄마를 위해 간단한 티 파티를 열고 아기의 탄생을 미리 축하해 준다. 베이비핑크, 베이비블루 등의 색깔로 여아와 남아를 구별하고 풍선 등을 이용하여 부드럽고 환한 테이블 세팅을 한다.

●● 어린이 생일 파티 (birthday party)

어린이의 생일 파티는 아이들의 눈높이에 맞추어 디자인되어야 한다. 생일을 맞은 아이, 부모, 초대된 아이들의 입장을 배려하여 기억에 남는 파티가 되도록 한다. 초대한 아이는 주인의 역할, 초대받은 아이는 손님의 역할을 할 수 있도록 하여 어릴 때부터 파티 문화를 접하게 한다.

아이의 연령대에 맞는 색상을 고르고 편의성을 고려하되 일회용식기만을 쓰기보다는 차분하게 식사할 수 있는 분위기를 만든다. 음식은 간편하게 먹을 수 있도록 핑거 푸드를 마련하고, 아이들이 관심을 갖는 놀이 기구 등의 소품을 준비하는 것도 좋다.

●● 브라이달 샤워 (bridal shower)

신부가 될 사람에게 선물을 주기 위하여 여는 파티이다. 미국에서는 결혼을 앞둔 신부를 위해 결혼식 4개월 전부터 생활필수품을 선물로 가져가 축하하는 파티로 키친 샤워(kitchen shower), 베드 앤 배스 샤워(bed & bath shower) 등이 있는데, 신혼 생활을 준비하는데 도움이 되는 샤워와 같은 선물이 많이 들어온다는 의미이다. 바쁜 예비

신부를 위해 간단한 스낵, 와인 또는 점심식사 등을 메뉴로 파스텔 계통의 분홍, 노랑 또는 하양 등으로 세팅한다. 원래 샤워는 여자들이 오전 중이나 오후 한때 모여 차나 커피, 케이크를 먹으면서 여는 것이 보통이었으나 직업 여성이 많아진 최근에는 밤에 뷔페식 저녁식사를 열기도 한다.

스태그 파티(stag party)

남자들만의 사교적인 모임을 말하며, 신랑 측의 남자들끼리 하는 파티이다. 주로 밤에 이루어진다.

결혼식(wedding ceremony)

세계 각국의 웨딩 문화는 각 나라의 전통 웨딩, 웨스턴 스타일, 유태인 스타일 등으로 크게 나눌 수 있다.

현대에는 웨딩의 콘셉트 컬러로 흰색을 주로 사용하지만 전통 웨딩, 계절 웨딩 또는 개성에 따라 달라질 수 있다.

결혼식은 일생에서 가장 큰 행사 중 하나로 신랑, 신부와 하객들을 위하여 선택된 이미지에 맞추어 테이블과 음식을 준비해야 한다. 웨딩 테이블은 물론 웨딩 푸드도 전체와 조화를 이루도록 하고 포멀한 테이블이므로 품위가 있어야 한다.

현대는 라이프 스타일 웨딩이라고 할 수 있을 정도로 개성 있는 이미지를 원하는 추세이므로 거기에 대응하도록 해야 한다.

결혼기념일(anniversary)

그리스도교 국가에서는 종교, 정치, 단체, 개인 등을 기념하는 날이나 창립기념일을 축하하는 풍습이 있는데, 이를 애니버서리(anniversary, 기념일 또는 기념제)라고 한다. 결혼기념일도 애니버서리의 하나이며, 은혼식과 금혼식이 가장 널리 알려져 있다.

미국에서는 결혼 후 1~5년째까지는 매년 기념일을 축하한다. 예를 들어, 1년째는 지혼식(紙婚式)으로 종이를 이용한 물건, 그림이나 서적 등을 선물한다. 그 후 시간이 흘러 결혼 25주년인 은혼식(銀婚式)이 되면, 남편은 아내에게 은제품을 선물하고 아내도 남편에게 적당한 선물을 하며, 가족이나 친지도 그 부부에게 은제품을 선물한다. 또한 금혼식(金婚式)에는 금을 선물하며, 미국에서는 결혼 75주년이 금강혼식이다. 한편 우리나라는 부부가 결혼한 지 60년째에 회혼례(回婚禮)를 올리는데, 주로 자손들이 잔치를 열어준다.

●● 오픈 하우스 파티(open house party)

새집으로 이사했을 때, 이웃사람이나 회사 등의 동료를 초대하여 여는 파티를 말한다. 우리식으로 말하면 집들이인 셈이다.

미국의 경우 가벼운 스낵이나 음료를 마련하며, 시간도 꽤 길다. 이를테면 오전 11시부터 저녁 5시까지로 지정되어 있다면 그 시간 안에는 언제 가도 괜찮고 또 마지막까지 있을 필요는 없으며, 30분 정도 있다가 돌아가도 무방하다. 잇달아 손님들이 오기 때문에 오래 머물러 있지 않는 편이 좋다.

●● 포틀럭 파티(potluck party)

미국 특유의 즐거운 파티 중의 하나이다. 참석자가 개인 단위일 경우는 각자 한 가지씩, 가족 단위일 경우는 한 가지 내지 두 가지의 요리를 가지고 와서 여는 파티로 사람 수가 많을수록 또 여러 인종이 모일수록 호화롭고 즐거운 파티가 된다.

요리를 선택하는 방법은 두 가지이다. 첫째, 자신이 가장 잘 할 수 있는 요리를 가지고 가는 것이다. 다른 한 가지는 파티를 주체하는 사람이 참석자들에게 이러 저러한 요리를 가져오면 좋겠다고 할당하는 방법이다. 파티가 끝나면 참석자 전원이 뒷마무리를 하고 각자 자신이 가지고 왔던 그릇들을 챙겨서 돌아가면 된다.

젊은 사람들이 좋아하는 파티 스타일인데, 파티 초대장에 'bring your own'의 약자인 'B.Y.O.'이라고 쓰여 있으면 특별히 알려주지 않더라도 자신이 먹을 음식 또는 음료를 지참해야 한다.(B.Y.O.B : bring your own Bottle, Beverage, Beer)

●● 슬럼버 파티(slumber party)

일명 파자마 파티라고도 한다. 친구 집에 모여 하룻밤을 보내는 아이들만의 즐거운 파티로 대개 6~13세의 아이들이다. 때로는 17세의 청소년들이 여는 경우도 있는데, 이 경우는 소녀들만 한다. 특별히 선물 따위는 필요 없고 파자마를 지참한 데서 이름이 붙여졌다. 그 밖에 모포나 슬리핑백을 지참한다. 즐겁게 놀고 있는 아이들 방엔 간식을 갖다 주는 외에는 들여다보지 않는 것이 룰이다. 아이들이 어릴 때는 부모들 간의 연락도 필요하다.

●● 드레스 파티(dress party)

주로 여자아이들을 위한 파티로, 일상적인 생일 파티에서 특별한 즐거움을 주고자 드레스를 입고 귀걸이를 하는 등 소품으로 멋을 내고 사진을 찍는 파티이다. 남자아이들을 대상으로 슈퍼맨이나 배트맨 등 캐릭터 파티도 있다.

●● 바비큐 파티(barbecue party)

좋은 날씨를 선택하여 정원이나 경치 좋은 야외에서 즐기는 파티이다. 그릴이나 석쇠구이를 이용한 조리법을 선택한 캐주얼한 메뉴 구성을 한다. 주 5일제 문화가 확산되면서 특별한 기념일을 즐기기 위해 가까운 근교의 팬션이나 별장에서 많이 진행되고 있다. 야외에서의 파티는 정찬으로 차려내기가 어렵기 때문에 뷔페식이 간편하다.

●● VIP 파티

파티 문화가 확산되면서 갤러리나 극장들도 변화하고 있다. 관람 전후 VIP라운지에서의 식사나 와인 파티 등 이벤트 파티가 늘어나고 있다.

●● 갤러리 오프닝 파티

갤러리 오프닝의 경우 파티 스타일링이나 플라워 디자인이 작품에 지장을 주어서는 안된다. 작가나 큐레이터와 철저한 상의한 후에 진행한다. 작품을 가리는 센터피스나 화려한 테이블 세팅보다는 심플한 스타일을 선호하는 추세이다.

●● 송년 파티 (Year end party)

한해를 마감하는 12월, 한해 동안 수고한 가족이나 회사에서의 수고를 축하하는 파티이다. 송년모임이니 화려함을 강조한 센터피스나 파티 스타일링이 잘 어울린다. 메뉴는 참석자의 구성에 따라 정하고 술과 어울릴만한 음식들도 잊지 않고 준비한다.

오프닝 파티 장식

파티 준비하는 모습   영국 대사관 송년 파티   독일 대사관 송년 파티

TIP

파티의 실제 예시

파티 주제	파티 내용
The salon	유럽 저택으로의 초대받은 느낌으로 서재, 복도, 다이닝룸 등 저택 곳곳에서 유럽의 인테리어를 느껴볼 수 있는 파티. 청담동에서 명성을 쌓아가는 풀(paul)에서 열리는 고품격 있는 파티. 미식가를 위한 극진한 정성의 8코스 다이닝 파티로 수박 카프레제로 시작하여, 무쇠팬에 구운 푸아그라와 사과, 당근소스의 왕새우, 농어구이와 양갈비 스테이크로 이어지는 8코스 다이닝은 최고 수준. 디너 125,000원, 와인 95,000원, 나이트 65,000원에 참가
Welcome! Winter Wonder Land	압구정 스톤그릴에서 열리는 2007년 겨울을 여는 첫 파티이며 송년특집의 메가 파티. 윈터 원더랜드를 연상하게 하는 예쁜 두 개층의 인테리어와 2007년 인기 다이닝으로 손꼽힌 "섭씨 400도 호주산 스톤그릴 환상 스테이크 코스 다이닝 파티"로 시작된다.(신선한 야채와 고기를 섭씨 400도 천연석 위에 입맛대로 구워먹는 방식) 3개월만에 열리는 클럽 전통 웰컴 파티에는 품위있는 정회원, 특색있는 게스트들이 초대되어, 기존 회원들이 새로 가입한 회원들을 환영하며 클럽 전통의 축배 세레모니가 진행되는 클럽의 전통 축제이며, 환상적인 겨울 파티를 느낄 수 있고, 정회원들을 한꺼번에 백 명 이상 만나볼 수 있는 파티이다. 가격은 더 살롱과 같다.
크리스마스 이브 파티 Moment	사랑이 완성되는 순간을 선사하는 10년 전통 성탄 전야 파티는 쉐라톤 워커힐 호텔 〈Sirocco〉에서 개최. 영원한 테마인 "사랑"을 주제로 하고, 적어도 이날만큼은 많이 사랑하고 고백한다. 9개의 불기둥을 지나 입장한 파티홀에서 새벽 1시까지 이어지는 크리스마스 이브 파티는 시카고 출신 뮤지션의 감성 넘치는 재즈와 무제한 와인으로 더욱 즐겁다. 10년 전통 전설의 게임 '쌍쌍의 강'을 통해 수많은 커플들이 탄생한다.
Sky view	지상 232.5m 한국 최고층 구름 위 파티, 여의도 63빌딩 최고층 아름다운 야경과 모던한 인테리어의 〈워킹 온 더 클라우드〉에서의 가을 파티. 한국 최고의 셰프가 선사하는 별 다섯개 6코스 다이닝과 하늘 위에서 한강 절정 야경을 보며 와인과 사교를 즐길 수 있는 파티이다. 게스트는 디너 125,000원, 와인 95,000원, 나이트 60,000원 참가

[자료원 : 클럽 프렌즈 파티]

Food coordinate

03 파티와 이벤트

(1) 이벤트의 의미

'이벤트(event)'란 어원상으로 'evenire'의 파생어 'eventus'에서 유래되었는데 'e-(밖으로)'와 'venire(오다)'로 이루어졌다. 그리고 이벤트의 사전적 의미는 '우연히 발생하는 것, 사건, 결과, 실행'을 기본으로 하며 '무언가 중요한 뜻을 가지고 발생되는 일'의 포괄적 지시어로 사용되고 있다.

서양에서는 마케팅의 관점에서 '판매 촉진을 위한 특별한 행사'라는 의미로 이벤트를 이해하고 있으며, 동양에서는 주로 많은 사람들이 모여서 행하는 행사를 이벤트로 표현하고 있다.

우리나라에서는 이벤트라는 용어가 일본에서 온 것으로 서양보다 포괄적인 의미를 갖는다. 즉 사람들을 모아놓고 현장에서 하는 모든 활동 형태를 이벤트로 규정함으로써 마케팅적 사고를 벗어나 보다 폭넓게 사용되고 있다.

현대의 이벤트는 행사의 폭이 넓어지고 연출 디자인

도 독특하고 다양해져 가정 내의 행사, 친지, 회사 등의 행사에서도 특별한 의미의 이벤트성을 띠게 되었다.

이벤트에서 주의할 점은 유익한 활동을 전제로 해야 그 의의를 살릴 수 있다는 것이다. 즉 이벤트는 인간 생활에 필요한 자극과 의사소통에 도움을 줄 수 있는 유익한 일을 전제로 행해지는 활동이며, 경제 활동을 통한 생산적 가치를 높이고 서로 간의 의사소통으로 화합의 분위기를 조성하며, 일상에서 벗어나 새로운 체험을 통한 건전한 가치관의 정립 등 유익한 활동에 이벤트의 참다운 의의를 두어야 할 것이다.

(2) 계절 · 사회적 기념일

●● 축 제

동서양 축제의 공통점은 제사 의식과 놀이 의식에 있다. 과거의 농경 목축 시대에는 특정한 날을 정해 신에게 감사의 제사를 지내고 마음껏 먹고 마시며 춤과 노래를 즐겼다. 끊임없이 이어지는 노동의 피로와 반복되는 일상의 무료함을 잠시 잊고, 신분 계급의 고하를 막론하고 똑같은 인간의 조건으로 돌아가 일탈 행위를 만끽하는 것이다. 여기에는 경제적 활동의 추구라는 목적이나 작위적인 연출이 있을 수 없고 원초적 본능만 있을 뿐이다.

전통적인 축제는 오늘날의 상업적 의미의 이벤트와는 확연하게 구분된다. 전통적인 축제는 상업적 의도가 개입되어 있지 않은 자발적 의미가 강하게 함축되어 있으며 그 시대, 그 지역에 살았던 사람들의 삶의 채취와 문화적 색깔을 반영한다.

*한국의 전통 축제

축제라는 말 속에는 하늘이나 조상에게 드리는 경건한 제사라는 의미가 숨어 있으며, 사람들이 한데 어울려 술 마시고 노래하고 춤추는 집단적 놀이가 이어지는 연대의 의미가 담겨 있다.

우리나라의 전통 축제 역시 언제부터인가 하나의 틀로 제도화·정례화되어 왔음을 추측할 수 있는데, 제도적인 모습의 대표적인 축제는 『동이전(東夷傳)』에 나오는 부여의 영고(迎鼓)이다. 이 기록에 의하면 '많은 사람들이 모여 섣달에는 하늘에 제사를 지내고, 술과 음식을 나누며 노래하고 춤을 추며 논다' 라고 하였다.

그리고 고구려는 10월에 하늘에 제사를 지내고 사람들이 모여 놀았는데 이를 동맹(東盟)이라 하였고, 예(濊)에서도 무천(舞天)이라 하여 10월이면 하늘에 제사를 지내고 밤낮으로 술을 마시며 노래하고 춤을 추었다.

이처럼 고대 사회의 영고, 동맹, 무천 등은 평소의 질서와 관습에서 벗어나 자유로움과 즐거움을 만끽하는 공동체의 소산이었다.

이들 축제는 제천 의례와 가무의 성격이 강하여 하늘의 신에게 제사를 지내고, 음주가무로 놀이판을 벌이며, 신과의 만남을 통해 소망을 빌었다는 공통점을 지닌다. 또한 고대인들은 축제를 통해 액운을 없애고 복을 불러 풍요와 건강을 유지하고자 했다. 이러한 것을 통해 우리의 전통 축제 속에는 우리 민족의 삶의 애환과 문화적 특성 그리고 신앙적 염원이 잘 드러나 있음을 알 수 있다.

*일본의 전통 축제 - 마쓰리

일본의 전통적인 축제라고 할 수 있는 마쓰리는 각 지역마다 특색 있는 마쓰리를 가지고 있다. 일본에서 가장 유명하고 인기 있는 마쓰리는 도쿄의 간다 마쓰리, 오사카의 텐진사이, 교토의 기온 마쓰리인데, 이때는 마쓰리를 구경하려는 인파로 온 도시가 붐빈다. 원래 행사의 성격에 따라 크게 두 가지로 나뉘어 치러졌다. 마쓰리는 신에게 제사를 드릴 목적으로 치르는 행사를 일컫는 종교 행사의 일환으로 신과 죽은 자의 영혼을 기리기 위해 신사에서 제사를 드리는 의식이었다. 또한 다른 의미로서 마쓰리는 기념할 만한 일이나 축하할 일이 있을 때, 지역 주민들이 모두 참여하는 행사로 주로 추수할 때, 모를 심을 때, 특별한 명절 등에 다 같이 모여 그날을 축하하는 행사였다.

*서양의 전통 축제 - 카니발

서구 학자들이 축제에 대한 정의를 종합해 보면, 축제는 '사람들이 누리는 모든 문화에서 발견되는 사회적 현상을 주제로 한 공공의 기념행사' 라는 뜻을 갖고 있다.

　카니발(carnival)은 이탈리아의 카르네 발레(carne vale : 고기여, 그만)에서 유래하였으며, 황야에서 고행한 예수를 추모하여 술과 고기를 끊는 사순절이 시작되기 전의 3일 또는 1주일 동안 술과 고기를 마음껏 먹고 술, 고기와의 이별을 아쉬워하며 가면을 쓰고 행렬하거나 극과 놀이를 하면서 노는 축제이다.

　한편 페스티벌(festival)은 라틴어 'festum'에서 유래되었으며 '일반적인 기쁨, 환락, 흥청망청 떠들기' 라는 의미가 있다.

(3) 이벤트를 위한 테이블 데커레이션 테크닉

　이벤트 테이블은 이벤트의 특성인 공간성, 현장성, 일회성, 다기능 일시 투입성, 상호 작용, 대중성 등을 살릴 수 있도록 해야 한다. 또한 함께 즐기고 축하할 수 있게 하고, 유익한 감동을 느낄 수 있도록 해야 한다. 그러기 위하여 제한된 공간에서의 배치, 이벤트 현장에서만 주는 특별한 효과, 최소한의 경비로 최대의 효과 창출, 볼거리 제공이 다양한 기능을 위한 전시, 대중과의 눈높이 일치 등 테크닉과 조화시켜 이벤트를 성공시켜야 한다.

(4) 핑거푸드(finger food)

칵테일 파티나 와인 파티 등 스탠딩 파티에 어울리는 먹기 편하게 만든 한입 크기 음식을 통칭해 핑거푸드라 한다. 파티용 음식이라 생각하면 어려운 감이 있지만 우리에게 익숙한 김밥이나 유부초밥, 닭꼬치 등도 핑거푸드의 일종이다. 핑거푸드는 비교적 시간의 제약이 적은 음식일 뿐 아니라 나누어 먹기 좋고 스타일이 돋보여 파티 분위기를 한껏 낼 수 있다는 게 큰 장점이다.

핑거푸드는 다양한 종류의 음식을 한입 사이즈로 작게 만들어 파티 중에 먹기 편하게 만드는 것이며, 작은 그릇이나 꼬지 등을 이용해서 색다르게 연출할 수도 있다. 기존의 까나페와 비슷하지만 에피타이져만이 아닌 메인 음식이나 디저트도 한입 사이즈 핑거푸드로 만들어 서브하기 때문에 약간의 차이는 있다.

파티 중에 다른 사람과의 대화 도중 실수가 없도록 소스나 국물이 흐르지 않는 음식, 냄새가 강하지 않은 음식, 비주얼이 좋은 음식 등을 요구하는 고객들이 많아짐에 따라 핑거푸드는 날로 파티음식으로 전문화되어가고 있다.

핑거푸드는 야채나 과일, 페스추리 등등 다양한 식재료를 이용해서 음식의 맛은 물론 그릇까지 먹을 수 있는 음식으로 표현된다면 더 좋다.

파티시장 초반에는 외국 음식으로만 만들어진 핑거푸드가 대세였지만 최근에는 다양한 한국 음식을 핑거푸드화해서 우리 입맛에 맞는 핑거푸드가 많이 선보이고 있다.

●● 핑거푸드의 1인 서빙 분량

손님 한 명에게 얼마만큼의 음식을 제공해야 하는가는 파티의 성격이나 손님에 따라 달라진다. 앉아서 식사하는 경우는 스탠딩 파티 때보다 식사시간이 길고 그에 따라 식사량이 많다. 보통의 일반 파티라면 요리 하나당 핑거푸드 1.5개를 1인분으로 잡는데, 홈 파티나 인원이 적을 경우는 1인분 양이 더 늘어나게 된다. 식사시간대는 메인 식사를 제외하고 1인당 핑거푸드 10개, 디저트 2~3가지, 음료 1~2가지를 먹는다고 본다. 음식을 기준으로 하면 요리 하나당 1.5개에서 2개의 핑거푸드를 먹는다.

핑거푸드 1인분의 예

(5) 파티 케이터링 (party catering)

케이터링이란 장소에 제한을 받지 않고 고객에 맞추어서 이동하여 음식을 제공하며 콘셉트에 맞는 분위기까지 연출되어 서비스하는 업종을 말한다.

파티 케이터링은 파티에 음식을 제공하는 일을 말하며, 우리나라에서는 음식 제공 뿐만 아니라 테이블 세팅, 식공간 연출 등을 포함하는 것이 일반적이다.

디너 뷔페 파티

야외 음악회 파티

●● 케이터링 서비스의 확대

케이터링 시장은 크게 출장 뷔페와 호텔, 그리고 최근 각광받고 있는 스타일리스트를 주축으로 한 전문업체의 세 가지로 나뉜다고 볼 수 있다. 이 중 전문 케이터링 업체가 각광받는 이유는 출장 뷔페와 호텔의 중간 정도 가격대를 유지하면서 다양한 서비스를 제공하기 때문이다.

케이터링 업체가 내세우는 경쟁력 중 하나도 바로 가격대비 높은 만족도이다. 저가와 고가 사이의 '중고가'를 표방, 출장 뷔페를 이용하기엔 만족도가 떨어지고 호텔 케이터링을 이용하기엔 부담을 느끼는 계층을 타깃으로 한다.

20명 미만 소규모 케이터링의 경우 2만원 전후의 가격대를 선호, 가격에 맞게 메뉴를 제안하거나 고객이 원하는 메뉴를 중심으로 가격을 재설정하기도 한다.

집들이나 생일 파티와 같은 일상적 행사에서부터 파티와 같은 이벤트성 행사까지 다양하게 진행되며 요즘은 특히 집들이의 비율이 높은 편이다.

바이어나 우수 고객을 대상으로 하는 이벤트, 신제품 런칭쇼 등 기업체들 역시 같은 행사라도 차별화된 형태를 선호함에 따라 기업을 대상으로 하는 케이터링 수요도 증가하는 추세이다. 영화나 음반 홍보, 음악회, 전시회, 패션쇼, 시식회 등 적게는 수백 명에서 많게는 수천 명에 이르기까지 대규모로 진행되는 특성상 케이터링 업체 측에서도 이들을 유치하기 위한 적극적인 마케팅을 구사하는 등 경쟁도 치열해지고 있다.

개인 케이터링 서비스가 고객 하나하나의 만족도에 중점을 둔다면 기업체 케이터링은 기업 또는 주력 제품의 이미지나 콘셉트 등 해당 이벤트 자체를 부각시키는 것이 관건이다.

단순한 기업 행사에는 기업체의 로고가 새겨진 케이크나 쿠키를, 한방 화장품 런칭 행사에는 한약재를 활용한 음식을, 각국 바이어들을 대상으로 하는 행사에는 퓨전 한식을 제공하는 등 맞춤 메뉴의 제공은 물론 테마가 있는 프로모션의 경우 테이블이나 기물을 별도로 제작하는 등 기업이나 제품의 광고 효과까지 가미하는 형태가 주를 이룬다.

●●● 맞춤형 서비스

케이터링 업체들이 가장 중점을 두는 부분은 고객 맞춤형 서비스이다. 가격, 시간, 인원에 구애받지 않고 '고객이 원하는 것은 뭐든지 제공하는' 고객 맞춤 서비스를 통해 자사의 차별성은 물론 충성도를 확보함으로써 경쟁우위를 점하기 위함이다. 스타일리스트를 포함한 몇몇의 소수인원으로 운영되는 특성상 입소문을 활용한 마케팅에 전적으로 의지, 고객 로열티를 높이는 동시에 잠재 고객을 유치하는데 주력하는 모습이다.

메뉴 구성에 있어서도 A 타입, B 타입, C 타입 등 가격과 메뉴를 규정하기 보다는 고객이 원하는 가격에 원하는 메뉴를 제공하는 것이 최근의 트렌드이다. 여기에 음식을 만들어 배달하는 기본적인 서비스를 넘어 테이블 세팅, 꽃 장식, 서빙 등 풀 서비스를 제공하는 것이 일반적이며, 때에 따라 메뉴 계획부터 파티 플래닝, 이벤트 기획, 장소 섭외에 이르기까지 행사 자체를 대행해 주는 등 기존 케이터링 업체가 시도하지 않았던 다양성과 만족도 향상에 중점을 두는 추세로 발전하고 있다.

  직장인 야유회나 체육대회 등 야외 행사 시에는 풀 서비스 케이터링이 아닌 도시락을 제작, 배달해 주기도 한다. 일반적인 주문 도시락이 아닌 스타일링이 가미된 핑거푸드 형태의 도시락이나 고객이 원하는 메뉴만을 별도로 제작해 배달해

밀크 콘셉트 푸드 케이터링

영국 문화원 케이터링

어린이 파티 케이터링

와인 포장

돌잔치 선물용 쿠키 포장

TIP

파티케이팅(party catering)과 스타일링(styling)의 기획 및 진행
- 고객 의뢰 : 전화, 홈페이지, 소개
- 파티 성향 파악 : 목적, 가격, 연령, 성별, 직업, 장소, 계절, 고객 요구 등
- 초기 메뉴와 스타일링 시안이 포함된 제안서 작성
- 상의 후 최종안 결정
- 계약서 체결과 선불(최소 50%) 확인
- Day 4~5 : 파티 준비 일정표(타임테이블 작성)
- Day 3~4 : 스타일링에 필요한 소품 준비
- Day 2~3 : 시장 보기
- Day 1~2 : 음식 및 손질, 스타일링 셋팅 확인
- Day 1~0 : 음식하기
- Day 0 : 파티 당일(차량 대기, 음식과 소품 나르기, 데코레이션 셋팅, 음식 담기, 서빙 등)
- 파티 종료 후 : 원 상태로 치우기, 의뢰자와의 짧은 미팅
- 결산 : 전체 비용 및 수익 자료 정리, 고객 관리(감사 메일 송부, 고객 DB 등록)

주는 방식으로 일반 도시락에 비해 가격대는 높지만 그만큼 만족도 높아 재 구매로 이어지는 경우가 많다.

●● 케이터링 서비스의 향후 과제

케이터링 시장의 성장·발전을 위해서는 비정기적 수요와 높은 인건비를 해결할 수 있는 방안의 모색이 시급하다는 것이 업계 관계자들의 공통된 의견이다.

개인이나 기업체 파티 혹은 이벤트가 연말연시에 대거 몰리는 등 비정기적이라는 점이다. 많게는 한 번에 몇 천 인분의 음식을 준비해야 하는 특성상 행사 직전 상당한 인력이 필요하기 때문이다. 특히 요즘에는 일품요리나 뷔페식이 아닌 먹기 편한 핑거푸드가 선호됨에 따라 음식을 준비하는 데 상당한 시간이 소요되며 잔손이 많이 가는 등 일일이 수작업에 의존해야 하는 것도 어려움으로 지적된다.

비정기적으로 치러지는 케이터링 특성상 일정 인원을 항시 확보해 두는 것이 현실적으로 불가능하며 음식 사고의 우려가 높은 여름철과 같은 케이터링 비수기의 경우 인건비는 곧 손실로 연결되기 때문이다.

이의 대안으로 가장 많이 활용되는 것이 아카데미 운영과 잡지, 광고, 외식업체 메뉴 촬영과 같은 작업이다. 대부분의 케이터링 업체들이 푸드 스타일리스트 중심으로 운영되는 장점을 살려 인력 활용을 극대화하는 동시에 추가 매출을 올리기 위한 다양한 방법을 접목하고 있는 실정이다.

이 중 스타일링과 테이블 세팅, 파티플래닝 등의 과정으로 구성되는 아카데미는 케이터링 업체의 가장 큰 메리트(merit)로 꼽힌다. 케이터링 및 각종 메뉴 촬영 시 아카데미 수강생을 동원, 현장 체험을 통해 경험을 쌓는 것은 물론 인건비를 절감하는 일석이조의 효과를 지니기 때문이다. 아카데미 수강생들은 수료 후 해당 업체에 합류하기도 한다.

반면 이러한 시스템을 두고 우려를 표하는 이들도 적지 않다. 아카데미 수료생들이 충분한 경험을 쌓기도 전에 독립, 케이터링 업체를 차리면서 또 다른 아카데미를 운영하는 일이 잦아지면서 시장은 확대되지만 전체적인 경쟁력은 저하되는 현상이 되풀이되기 때문이다.

실제로 '케이터링'이라는 단어로 인터넷 포털을 검색해 보면 상당수 업체들이 케이터링과 아카데미 운영을 병행하고 있다. 품질 강화 및 차별화를 통해 경쟁력을 쌓는 것이 우선이며 연간 꾸준한 행사 유치로 매출을 활성화하는 한편 전문성을 바탕으로 한 체계적인 교육이 필요하다.

TIP

파티 기획과 진행 일정

♥ Party concept

파티 플랜은 무엇을 위한 파티인지 그 목적과 콘셉트를 확실히 정하는 일에서 시작된다.

보통 시간과 목적에 따라 종류를 구분하는데, 시간별로 보면 아침 일찍부터 모이는 블랙퍼스트 파티, 런치 파티, 오후의 티 파티, 초저녁의 칵테일 파티, 디너 파티 등으로 구분된다. 목적별로는 생일 파티, 기념 파티, 리셉션, 크리스마스 파티 등 다양하게 분류된다.

원하는 목적에 따라 파티 종류가 정해지면 그 다음에는 어떤 스타일의 파티로 꾸밀 것인지 결정해야 한다. 아주 격식있는 분위기로 할 것인지 개주얼한 분위기로 할 것인지 각자 음식을 준비해 모이는 포틀럭(potluck) 할 것인지 아니면 정원에서 바비큐 파티를 열 것인지 등등. 자신이 정한 테마에 맞추어 파티 스타일을 정하고 그에 따라 준비에 들어간다.

파티의 종류에 따라 초대하는 사람과 예산 메뉴 등을 메모하면서 구체적인 사항을 하나씩 계획해 나가는 것으로 시작한다.

♥ Invitation

파티의 스타일과 날짜, 시간이 정해지면 다음 단계는 초대장을 보내는 일이다. 전화나 이메일로 간단하게 초대할 수 있지만 이왕이면 시간과 정성을 투자해 초대장을 직접 보낸다.

초대 카드의 역할은 실로 중요하다. 카드 한 장에 파티에 관한 정보를 담고 있어야 하며 초대된 이들의 관심을 끌어야 한다. 파티 테마에 맞춰 카드를 선택하고(혹은 직접 제작) 우편으로 발송한다. 보통 카드는 파티일자 3주 전에 보내는 것이 좋으며 20명 이상의 큰 파티라면 한 달 전부터 카드를 보내는 것이 여유있다.

카드에는 이름, 시간, 장소, 연락처, 그리고 간단한 약도 등의 정보를 넣고 필요에 따라 RSVP(참석 여부를 답해 달라는 요청) 어구를 첨가한다. 또한 참석하는 이들의 드레스 코드를 명시하는 것도 잊지 않도록 한다.

항상 가깝게 지내는 사람들만 모이는 파티라도 기존 멤버에 새로운 인물을 한 커플 정도 추가해 초대하면 새로운 분위기를 불어넣을 수 있다.

[초대장 용어]

1. R.S.V.P

Répondez, S'il Vous Plaît의 줄임말로, Reply, if you please와 같은 뜻이며 초대장에 쓰인다. 행사에 어느 정도의 고객들이 오는 것을 예상하여 준비하기 위해 초대로 받은 사람들에게 출석 여부를 알려달라는 뜻이다.

2. B.Y.O.

Bring Your Own의 줄임말로, 술을 갖고 들어갈 수 있는 주류 판매 면허 없는 식당 또는 각자가 먹을 것을 준비하는 포틀럭 파티를 뜻하기도 한다.

♥ Menu plan

파티 메뉴를 정할 때의 절대 규칙은 심플한 요리로 선택하는 것이다. 그리고 처음 시도하는 요리는 피하도록 한다.

한번쯤 만들어본 요리여야 맛과 조리하는 시간을 정확하게 예상할 수 있으므로 파티에 차질이 생기는 것을 막을 수 있다.

참석 인원이 많으면 많을수록 미리 준비해 둘 수 있는 요리 위주로 선정하는 것이 좋다.

이는 파티가 진행되는 동안 호스트가 주방에서 보내는 시간을 줄이기 위한 것, 손이 많이가는 요리라면 필요한 재료는 썰어놓고 소스와 드레싱도 미리

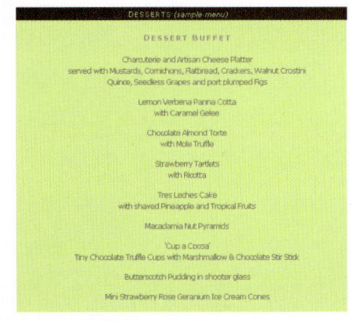

준비해야 파티 당일 우왕좌왕하는 것을 막을 수 있다. 펀치와 칵테일 등 음료도 미리 만들어 놓는다.

머릿속에 요리를 대충 구상했다면 본격적인 메뉴 플랜을 해 보자. 음식은 샐러드부터 육류 생선 등 다양한 종류를 준비하도록. 게스트 중 다이어트를 하는 사람이나 채식주의자가 있다면 고칼로리의 육류 요리는 아무리 맛있다 하더라도 그림의 떡일 뿐이다. 따라서 야채, 달걀, 생선 요리도 같이 준비해야 한다. 특히 나이 많은 어른이나 외국인이 참석하는 파티라면 미리

의견을 들어 메뉴를 조정하는 것도 좋은 방법이다.

손님이 음식을 가지고 오는 포틀럭 파티 형식이라면 누가 무엇을 얼마만큼 가지고 오는지 확실하게 정하는 단계가 필요하다. 그렇지 않으면 음식이 넘치거나 모자랄 수도 있으며 비슷한 종류의 음식만으로 식탁이 채워질 수도 있다. 호스트는 애피타이저, 메인, 디저트로 메뉴를 분류해 이에 맞춰 정확하게 부탁한다. 전체적인 테마를 살리고 싶으면 손님들이 가져온 음식을 호스트가 미리 준비된 그릇에 다시 담는데 사전에 그 뜻을 알려야 한다.

♥ Drinks

음식과 함께 테이블에 반드시 올려야 할 것이 바로 음료이다. 알코올 음료는 분위기를 무르익게 하는 촉매제 역할을 하므로 필수적이다. 술을 마시지 않는 이들을 배려해 무알코올 음료도 준비해 놓는다. 보통 펀치와 아이스티가 많이 등장하는데 그 중 펀치는 오렌  지, 레몬 등 파티 스타일에 맞춰 컬러를 조정할 수 있어 분위기를 내는데 아주 효과적이다.

와인은 메뉴에 맞춰 고르는데 일반적으로 애피타이저는 샴파뉴나 스파클링 와인을, 생선에는 화이트 와인을, 육류에는 레드와인을, 디저트에는 로제 와인을 매치한다. 하지만 이러한 공식에 맞춰 와인을 고를 필요는 없다. 각자의 취향을 고려해 선택하는 것이 무엇보다 중요하다. 음료는 음식이 놓인 테이블에 같이 놓기도 하지만 공간의 여유가 있다면 음료 테이블을 따로 마련하는 것이 좋다.

♥ Tableware

메뉴를 결정했으면 그 음식들을 담을 접시, 트레이, 바구니 등을 계획하고 미리 꺼내 놓는다. 오랫동안 사용하지 않던 그릇이라면 한 번씩 씻어둔다. 커틀러리도 손님 수에 맞춰 정리해 놓아야 한다. 이렇게 미리 그릇을 준비해 두어야 파티 당일 그릇이 적당치 않거나 부족하여 당황하는 일이 없다.

♥ Decoration

파티를 위한 장식이라 하면 대부분 어렵게 생각하고 겁부터 내기 쉽다. 하지만 돈을 많이 들여 집안 곳곳을 모두 화려하고 요란하게 치장하는 것만이 능사가 아니다. 오히려 몇 가지 소품만으로 강조한 심플한 데커레이션이 초대된 사람들에게는 더 편안하게 다가올 수 있다.

파티를 위한 장식 방법에는 몇 가지 법칙이 있다. 그 법칙만 잘 기억하면 특별한 손재주가 없어도 괜찮은 파티 분위기를 연출할 수 있다.

우선 파티장으로 향하는 입구는 그 어느 곳보다 장식적인 요소를 강조해 흥겨움을 북돋운다. 첫인상이 좋아야 기억에 오래 남는 법이다.

보통 아이들 생일 파티에는 현관이나 입구에 아이가 그린 그림을 붙이고 풍선, 리본 등으로 장식하는 것이 일반적이다. 크리스마스 파티의 경우라면 화려한 리스를 현관문에 달고 입구 복도를 따라 작은 초와 붉은 장미 꽃잎을 늘어 놓는 것도 좋은 방법이다.

테이블 데커레이션 역시 너무 인공적으로 꾸밀 필요는 없다. 흔히 사용하는 화이트 접시와 함께 포인트 컬러가 되는 냅킨을 놓고 그와 어울리는 꽃 한 송이를 매치하면 훌륭한 테이블이 완성된다. 독창적인 아이디어로 식탁 위를 장식하는 것은 바람직하지만 식탁이란 어디까지나 식사를 하기 위한 공간임을 명심하자. 음식을 서빙하는데 불편함이 없어야 한다.

♥ Music

음악이 없는 파티란 어딘지 모르게 어색하고 무료하다. 파티를 하기 전 테마에 맞는 음악을 미리 선곡한다. 빠른 음악과 느린 템포의 음악을 적절하게 섞어 인터넷에서 원하는 음악을 골라 그 파티를 위한 컬렉션 앨범을 만들어 두어도 좋다.

음악은 허전한 공간을 채우는 역할을 하지만 그렇다고 주체가 되어서는 안된다. 댄스 파티나 와인 파티라면 음악이 절대적이지만 그렇지 않다면 잔잔한 배경이 될 정도의 볼륨이 좋다. 모처럼 모인 사람들의 대화를 방해해서는 안된다.

♥ Lighting

조명 연출 또한 기억에 남는 파티를 만드는 중요한 요소이다. 조명의 위치, 색깔, 조도의 미묘한 차이로도 파티의 분위기가 달라질 수 있다. 파티의 콘셉트에 따라 조명의 전구를 빼거나 조도를 낮추거나 혹은 테이블 램프를 사용해 색다른 분위기를 유도해본다. 초를 적극 활용하면 로맨틱한 분위기를 연출할 수 있다.

♥ Check List
- ☐ 파티 스타일과 콘셉트 설정
- ☐ 손님 리스트 작성
- ☐ 초대장 준비 및 발송
- ☐ 예산을 정한 후 메뉴 작성
- ☐ 메뉴에 따른 그릇과 소품 선택
- ☐ 데커레이션 소품 구입 및 장식
- ☐ 요리 준비
- ☐ 테이블 세팅
- ☐ 현관, 화장실 점검
- ☐ 마지막 점검(조명, 음악, 온도, 음식, 데커레이션 등)

PART 05

테이블과 매너

Food coordinate

01 테이블 매너

요즘과 같은 글로벌 시대에 교양인으로 인정받으려면 기본적인 테이블 매너는 익히도록 노력해야 한다. 테이블 매너를 모른다 해도 식사하는데 지장이 있는 것은 아니지만 스스로 테이블 매너를 제대로 알고 있다면 근사한 요리들을 대했을 때 더 맛있고, 여유 있으며, 당당하게 즐길 수 있고, 더불어 자신의 품위를 높여줄 수 있기 때문이다.

테이블 매너가 주로 서양에서 유래하였기 때문에 이 단원에서는 주로 서양의 테이블 매너를 위주로 설명하였다.

(1) 테이블 매너

●● 테이블 매너란?

역사적으로 형식을 매우 중시하고 도덕성을 까다롭게 논하던 시대였던 19세기 영국 빅토리아 여왕 시대에 근대적인 테이블 매너가 완성되었다. 테이블 매너의 기

본 정신은 형식에 있는 것이 아니라 서로 요리를 맛있게 먹기 위한 데 있으나, 상대방에 대한 배려, 편리성 등도 고려되어야 한다.

요리를 맛있게 먹으려면 미각 이외에도 순백의 테이블클로스, 부드러운 조명, 와인의 독특한 향과 향신료의 냄새, 스테이크에서 나는 지글거리는 소리나 음악소리, 빵의 촉감, 실내온도 등 오감이 만족되어야 한다. 따라서 이러한 분위기를 방해하는 복장이나 냄새가 강한 향수, 히스테리컬한 웃음소리, 커틀러리에서 나는 소리 등을 서로 삼가도록 조심하는 데에서 테이블 매너는 시작된다.

빅토리아 여왕 (영국, 1819~1901)

●● 예약의 에티켓

예약할 때에는 자신의 성명, 참석자의 수를 밝힌다. 또한 모임의 목적(생일, 기념일 등)을 미리 알리면 레스토랑 측에서도 모임에 맞는 서비스를 해 주기도 한다. 시간이 걸리는 요리는 미리 주문을 해 두는 것도 좋으며, 예약 당일에 사정이 생겨 변경사항이 발생했을 경우에는 미리 연락해 주는 것도 에티켓이다.

●● 착석의 에티켓

레스토랑 입구에서 지배인(manager) 또는 리셉셔니스트(receptionist)가 고객을 맞이하며 안내를 하게 되는데, 안내를 무시하고 바로 아무 테이블에 가서 앉아 버리는 것은 에티켓에서 벗어나는 행위이다. 그러나 안내받은 테이블의 위치가 마음에 들지 않으면 "저쪽 자리는 안 될까요?" 등으로 희망을 표시하는 것은 무방하다. 주빈(主賓)은 고령의 여성, 처음 초대한 사람, 사회적으로 지위가 높은 유명인사 등으로 정한다.

'레이드 퍼스트' 정신은 테이블 매너에서도 마찬가지이다. 착석할 때에는 여성이 앉고 난 뒤에 남성이 앉는다. 여럿이 식사할 때에도 고령자, 연장자, 여성이 앉을 때까지 의자 뒤에 서서 기다리거나 여성의 착석을 도와주는 것이 신사의 에티켓이다. 웨이터 또는 남성이 의자를 빼주면 여성은 왼쪽에서부터 의자 앞으로 가서 앉는다.

남성의 경우는 비즈니스의 경우가 아니라면 작은 서류만 테이블에 가져가도록 하고 여성의 경우라면 핸드백을 제외한 물건을 테이블에 가져가지 않는 것이 매너이다. 특히 남성의 경우 겉옷을 의자에 걸어두거나 여성의 경우라면 겨울철 모피 또는 두꺼운 코트를 의자에 걸쳐놓을 수 없으며 클로크룸(cloakroom, 호텔, 고급식당, 공연장 등에서의 휴대품 보관소)에 보관하여야 한다. 여성의 핸드백은 의자 뒤쪽에 놓는다.

자리에 앉으면 테이블에 세팅되어 있는 냅킨을 무릎에 펼친다. 이는 식사할 준비가 되었음을 의미하며 따라서 식전주를 주문한 경우라면 식전주를 마시고 펼치도록 한다. 착석 후 손은 자연스럽게 테이블 위나 무릎 위에 올려놓으며 팔꿈치를 테이블 위에 세우거나 턱을 괴는 등의 행위는 삼간다.

- 레스토랑에서의 좋은 자리의 조건
① 전망이 좋은 자리(외부 경치가 보이는 곳, 스테이지가 잘 보이는 곳 등등)
② 마음이 편한 곳(통로나 입구에서 가까운 곳은 좋은 자리라 할 수 없다.)

●● 테이블에서의 올바른 자세와 냅킨의 사용

부자연스러운 자세나 어색한 동작은 상대에게 부담을 줄 수 있다. 테이블에서 가슴까지의 거리는 주먹 두 개만큼의 거리가 적당하다. 몸을 앞으로 지나치게 구부린다거나 어깨나 팔꿈치를 뻗치는 등의 보기 싫은 모습은 간격이 너무 멀거나 가깝기 때문에 발생한다. 식사가 시작되고 나서 의자의 위치를 바꾼다며 소리를 자꾸 내는 것은 큰 실례이다.

냅킨은 자리에 앉자마자 성급하게 펴지 않으며 모두가 자리에 앉고 난 것을 확인한 후에 무릎 위에 펼친다. 냅킨 사용의 목적은 옷이 더러워지는 것을 방지하고 입을 닦거나 핑거볼 사용 후 물기를 닦는 데 있다.

- 냅킨 사용할 때의 주의사항
① 입을 닦을 때에는 세지 않게 가볍게 눌러가며 닦는다.
② 입술의 루즈를 냅킨으로 닦는 것은 매너에 어긋난다.
③ 엎질러진 물을 닦을 때에는 냅킨을 쓰지 않고 웨이터의 도움을 청한다.
④ 식사 후 일어설 때 되는 대로 접어서 테이블 위에 놓는다. 지나치게 깨끗이 접어놓으면 사용치 않은 냅킨으로 오인할 수 있으며, 의자 위에 냅킨을 놓고 나오지 않도록 한다.

●● 식사 중의 에티켓

서양의 통념상 식당은 식욕을 채우는 장소인 동시에 사교의 장소이기도 하다. 따라서 너무 큰소리로 떠들거나 아무런 말없이 묵묵히 식사만 하면 주위사람들에게 부담을 주게 된다. 웨이터를 부를 때에는 큰 소리로 부르지 말고 고개를 돌려 시선을 맞춘 후 손을 가볍게 들도록 한다.

음식에 대한 계산은 커피 혹은 식후주를 마신 후 적당한 때에 앉은 자리에서 하게 되는데, 웨이터와 눈을 맞춘 후 계산을 하고 싶다는 신호를 보내면 계산서를 가져다준다. 각자 계산을 하는 경우라도 그 자리에서는 한 사람이 대표로 낸 후 밖으로 나와 정산을 한다. 팁은 남의 눈에 띄지 않게 자연스럽게 주는 것이 좋다. 계산을 끝낸 후 계산서를 다시 줄 때 팁을 준다든가, 수고의 표시로 악수를 하면서 주는 것도 좋은 방법이다

●● 나이프와 포크의 사용

중앙의 접시를 중심으로 나이프와 포크는 각각 오른쪽과 왼쪽에 놓이게 된다. 식사 중의 포크와 나이프는 접시 양끝에 걸쳐 놓거나 접시 위에 교차해서 놓는다. 포크의 경우 접시 위에 놓을 때에는 엎어 놓는다. 식사가 끝났을 때는 접시 중앙의 윗부분에 나란히 놓는다. 바깥부터 나이프, 포크, 스푼의 순서로 모아 놓는다.

(2) 요리 코스에 따른 매너

오늘날 세계에서 가장 세련되고 우아한 요리로 인정받는 것은 프랑스 요리이다. 대표적인 서양 요리인 프랑스 요리를 통하여 요리 코스에 따른 테이블 매너를 알아본다.

풀코스의 프랑스 요리는 전채 → 수프 → 생선요리 → 셔벗류 → 육류 → 샐러드 → 치즈 → 디저트 → 과일 → 커피의 순으로 하나씩 서브된다.

와인에 대한 매너는 서양 테이블 매너에서 중요한 위치를 차지하지만 와인의 독립된 단원에서 언급하기로 한다.

●● 1. 식전주 (apéritif)

식전주는 식욕을 촉진하기 위해 마시게 되므로 타액이나 위액의 분비를 활발하게 하는 자극적인 것이 좋다. 대표적인 식전주로 셰리(sherry)주, 베르무트(vermouth)가 있으며, 그 밖에 남성의 경우 마티니(드라이진에 프렌치 베르무트, 오렌지 비터즈를 타고 올리브 열매를 띄운 칵테일), 여성은 맨해튼이 좋다. 셰리주는 스페인의 헤레스 데 라 프론테라(Jeres de la Frontera) 지방 특산의 강화 포도주로서 백포도주의 일종으로 맛이 담백하고 다소 곰팡내가 나는 듯한 것이 특색이며, 베르무트는 향쑥을 주체로 하여 각종 초근목피의 향기로운 맛을 와인으로 추출, 여과한 술이다. 또한 샴페인 등도 쓰인다. 술을 마시지 못하는 사람이나 여성의 경우, 멍하니 앉아 있는 것보다 진저엘이나 주스 등을 마시는 것이 예의이다.

마티니

차가운 술의 경우, 글라스의 목을 잡으며 너무 시간을 끌며 마시지 않는다. 식전주로 칵테일이 나올 경우, 가장자리에 장식된 올리브, 체리, 레몬은 끼워진 장식핀으로 먹어도 된다.

식전의 위스키는 약하게 마신다. 원래 위스키는 식후주이나 최근에는 식전에 마시는 일이 많아지고 있다. 이때에는 소다수나 물로 희석해서 마시도록 하며 너무 많이 마시지 않도록 주의한다.

2. 전채 요리(appetizer, hors-d'oeuvres)

전채 요리

동양적 사고에서는 여럿이 식사할 때 먼저 시작하는 것을 예의가 아닌 것으로 여기지만, 서양 요리에서는 요리가 나오는 대로 바로 먹기 시작하는 것이 매너이다. 서빙된 온도가 변하기 전에 먹는 것이 예의이면서 제 맛을 즐길 수 있는 요령이다.

그러나 4~5명이 식사할 때에는 전부 나오는데 시간이 많이 걸리지 않으므로 기다렸다 함께 식사하는 것이 좋다. 친구 몇이서 각자 주문을 한 경우 나오는 시간이 다르면 시작은 조금 달라도 되지만 끝내는 시간은 맞추도록 하는 것이 예의이다.

전채 요리는 너무 많이 먹지 않는다. 전채 요리는 뒤에 나올 생선이나 요리 요리를 맛있게 먹기 위해 타액이나 위액의 분비를 활발히 해두려는 데 목적이 있으므로 전채요리가 아무리 맛이 있어도 지나치게 많이 먹으면 메인 요리를 제대로 먹을 수 없으므로 적당히 먹는다. 메뉴에 전채 요리가 있다고 하여 반드시 먹어야 하는 아니다.

차가운 전채의 대표적인 것으로 캐비어(철갑상어알)와 푸아그라(거위의 간)가 있으며 생굴, 새우칵테일, 훈제연어도 좋다. 따뜻한 전채로는 파이와 에스카르고(escargot, 식용달팽이)가 훌륭하다.

캐비어

셀러리, 파슬리, 카나페는 손을 더럽힐 염려가 없기 때문에 손으로 먹어도 된다. 전채에서만이 아니라 끈적거리지 않는 음식은 손으로 먹어도 된다. 카나페를 포크나 나이프를 대면 모양이 흐트러지므로 손으로 하나씩 취향대로 골라 먹으면 된다. 전채로 나오는 생굴은 껍질째 제공되는데, 이때 사용되는 포크는 한쪽이 칼날로 되어 있어, 왼손으로 껍질을 잡고 포크의 칼날로 관자부분을 떼어 먹는다.

3. 수프(soup)

　미국에서는 진한 수프를 포타주, 맑은 수프를 콘소메로 구분하지만 엄격히 말하면 포타주는 수프의 총칭이다. 콘소메는 조리사의 실력이 드러나는 난이도가 높은 음식으로, 맛도 보지 않고 소금이나 후추를 뿌리는 것은 삼가야 한다. 진한 맛의 요리가 어울리며 정찬에 적합하다. 포타주는 콘소메보다 섬세한 맛은 덜하나 감자, 옥수수, 야채 등의 내용을 첨가해 맛이 진해지며 담백한 요리가 어울린다.

　스프용 스푼은 펜을 잡듯이 잡는다. 미국식은 자기 앞쪽에서 바깥쪽으로 떠 먹는 것이고, 유럽식은 반대쪽에서 앞쪽으로 떠먹는다. 뜨겁다고 입으로 불어가면서 먹지 않고 소리를 내면서 먹으면 안 된다.

　콘소메는 손잡이가 달려있는 부이용에 담겨 서빙되는데 부이용은 손잡이를 잡고 들고 먹어도 된다. 남은 수프를 먹을 때에는 왼손으로 잡고 앞으로 조금 기울여 떠먹는다.

4. 빵

　빵은 처음부터 먹는 것이 아니며 수프와 함께 먹는 것도 아니다. 빵을 요리와 함께 먹기 시작하여 후식 전에 먹는 것을 끝낸다. 빵이 수프 후에 서빙되지 않고 처음부터 제공되는 경우에는 조금씩 먹어도 된다. 빵 접시는 좌측에 놓인다. 우측의 옆 사람 것을 사용하는 실수를 주의하여야 하며 빵 접시를 중앙으로 옮겨 사용치 않는다.

　빵은 포크나 나이프를 사용치 않고

빵

손으로 잘라 먹는다. 빵 부스러기가 떨어지기 쉬우므로 빵 접시 위에서 자른다. 테이블 위에 빵 부스러기가 떨어졌어도 손으로 털 필요는 없다. 토스트의 경우 나이프를 이용해 자르는데, 왼손으로 빵의 한쪽을 잡고 오른손에 나이프를 들고 자르면 된다. 버터는 1인용 또는 2인용으로 제공되며 2인용일 경우 버터나이프로 빵 접시에 버터 한 조각을 미리 옮겨 사용한다.

●● 5. 생선과 고기 요리

대표적 생선 요리인 광어 뫼니에르(Meunière, 계란과 밀가루를 묻혀 프라이팬에서 익히는 생선조리법)는 통째로 요리하거나 머리와 꼬리를 제거한 후 요리한다. 뫼니에르를 먹을 때에는 머리를 포크로 고정시키고 나이프로 머리 부분과 몸통을 자른 후 꼬리도 잘라낸다. 그 다음 지느러미

광어 뫼니에르

를 발라낸다. 머리와 꼬리, 지느러미는 접시의 위쪽에 모아놓는다.

생선 뫼니에르에 놓여 있는 레몬은 한쪽 끝을 포크로 고정시키고 나이프로 눌러 즙을 낸다. 세게 누르면 생선이 으깨어진다. 생선프라이 등의 생선 요리에도 레몬이 나오는데 이때는 오른손의 엄지, 중지, 집게손가락을 이용, 즙을 내어 생선 위에 뿌린다. 생선은 살이 무르기 때문에 포크만으로 먹어도 된다.

서양 특히 프랑스 요리에서는 소스의 맛에 매우 신경을 쓴다. 소스를 뿌리는 요리를 주문한 경우는 요리가 나왔다고 바로 먹지 말고, 소스가 따라 나오기를 기다렸다가 뿌려준 후 먹기 시작한다. 대개 고기 요리에는 묽은 소스가 나오므로 그대로 요리 위에 뿌리면 되지만, 생선 요리에는 마요네즈 소스, 타타르 소스 등의 진한 소스가 나오므로 접시 한쪽에 덜어 놓고 적당히 찍어가며 먹는다. 진한 소스는 요리 위에 그냥 얹으면 소스의 맛이 너무 강하다.

스테이크의 참맛은 육즙에 있다. 굽는 정도는 취향대로 선택하면 되는데 대개 적게 구울수록 육즙이 많아 고기의 참맛을 즐길 수 있으며, 고기를 전부 잘라놓고

먹는 경우, 육즙이 접시로 흘러내려 스테이크 맛도 떨어지고 빨리 식어 버린다. 고기를 먹을 때는 우선 고기의 왼쪽을 포크로 고정시켜 나이프로 적당히 잘라가며 먹는다. 왼쪽부터 먹는 것은 포크를 쥐고 있기 때문이지만 우측부터 먹어도 무방하다.

●● 6. 샐러드

테이블 위에는 대개 소금, 후추, 머스터드, 타바스코 등의 조미료가 놓여 있게 된다. 흔히 음식이 나오면 무턱대고 이들 조미료를 뿌리는 사람들이 있는데, 이는 매너에서 벗어나는 일이다. 일단 한두 번 먹어본 다음 취향에 맞게 조미료를 뿌리도록 한다.

샐러드와 고기 요리는 번갈아가며 먹는다. 샐러드는 고기 요리를 먹을 때 없어서는 안되는 야채로 반드시 함께 먹는다. 고기와 야채는 맛에서도 조화를 이루지만, 고기는 산성이 강한 식품이므로 알칼리성이 강한 생야채를 먹음으로써 중화를 시킬 수 있다는 영양학적인 의미를 가진다. 또한 고기 요리의 냄새를 중화시키는 역할도 한다.

샐러드

프랑스에서는 디너를 들 때 반드시 치즈를 먹는 습관이 있다. 치즈는 샐러드와 디저트 사이에 먹는다. 치즈에도 나이프와 포크가 따라 나오지만 포크만으로 먹어도 무방하다. 치즈에는 적포도주와 겉이 딱딱한 프렌치 빵이 잘 어울린다.

●● 7. 디저트

디저트용 과자는 달콤한 것으로 부드러워야 한다. 쿠키 등의 마른 과자는 조식의 빵 대신, 혹은 오후에 차를 마실 때 먹으며, 저녁 식사의 디저트로는 적당하지 않다. 디너의 따뜻한 디저트로는 푸딩, 파이 등이 있으며, 차가운 디저트로는 아이스크림과 셔벗이 있다.

수분이 많은 수박, 멜론, 오렌지류는 스푼으로 먹고, 사과나 감 등 수분이 적은 것은 나이프와 포크를 사용한다. 포도 등 작은 것은 손으로 먹어도 된다.

핑거볼에서는 손가락 끝만 한손씩 교대로 손을 씻는다. 포도, 살구 등 손으로 먹는 과일은 대개 과즙이 손에 묻는데, 과즙 묻은 냅킨은 세탁이 어렵기 때문에 냅킨보다는 핑거볼에서 손을 씻는다. 과일뿐 아니라 굴, 가재, 양갈비 등 손으로 음식을 먹는 경우에 함께 따라 나온다.

아이리시 커피(Irish coffee, 커피에 아이리시 위스키를 넣은 후 생크림을 올린 것)는 식후주의 대용으로도 좋다. 식후의 커피로는 아이리시 커피, 에스프레소, 카푸치노 등이 있으며, 커피잔의 손잡이는 엄지와 인지로 가볍게 쥐는데 손잡이에 손가락을 끼우지 않는다.

디저트

8. 식후주(digestif)

양식의 식후주는 크게 브랜디(brandy)류와 리큐어(liqueur, 당도가 있고 색깔이 아름다운 술)로 나뉘는데 브랜디는 남성이, 리큐어는 여성이 즐겨 마신다.

브랜디란 포도를 증류해서 만든 것을 총칭하며, 체리나 복숭아, 사과 등을 증류하여 만든 경우에는 원료 과일 이름을 애플 브랜디와 같이 앞에 붙여 부른다. 와인이 생산되는 지방에서는 어디든지 생산이 가능한데, 프랑스 코냑(Cognac) 지방에서 생산되는 브랜디를 코냑이라 부르며, 알마냑(Almagnac) 지방에서 생산되는 것을 알마냑이라 한다. 코냑을 마실 때에는 잔을 흔들어 코냑이 안에서 파도치게 한 후 둘째와 셋째 손가락으로 잔을 잡고 손가락의 온기로 코냑을 데우면서 아주 조금씩 색과 향과 맛을 눈과 코, 혀로 음미하면서 마신다.

리큐어는 여성에게 잘 어울리며, 대표적인 것으로는 베네딕틴, 샤르트뢰즈, 쿠앵크로, 드람부이 등이 있다. 맛과 향을 즐기기 위하여 스트레이트로 많이 마신다.

PART 06

식공간 디자인의 실제

Food coordinate

01 요리대회 스타일링

(1) 아스픽 코팅의 전문적인 기술

요리사가 필수적으로 익혀야 하는 기술인 아스픽 코팅은 전문가의 영역이며, 메뉴를 구상하고 만드는 과정과 아스픽 코팅 처리에 이르는 모든 공정에서 정성과 노력을 기울여야 한다.

음식을 위한 아스픽 코팅은 정확한 계량과 온도 조절이 가장 중요하다. 20°C를 넘지 않는 주방에서의 아스픽 처리가 이루어져야 한다. 코팅을 담당하는 조리사는 대형 냉장고와 냉동고가 최대한 가까운 거리에서 작업을 해야 하고 바로 옆에는 중탕 처리를 할 수 있는 준비가 되었을 때 시간을 아끼며 훌륭한 작품를 위한 아스픽 처리를 할 수 있다.

본격적으로 아스픽 코팅을 하기 전에 음식 성격에 맞는 젤라틴을 준비하고 일차적으로 소량의 아스픽으로 테스팅 작업을 해야 실패하지 않고 코팅 작업을 할 수 있다.

아스픽 코팅은 장시간 음식 전시를 해야 하는 경우에

2008 세계 블랙박스 요리대회 대상팀 (그랜드 인터콘티넨탈 호텔)

음식이 말라 작품성이 떨어지는 것을 일정시간 지연시켜 주기 위한 과정이다.

 아스픽 코팅을 할 경우에는 가루 젤라틴이 많이 사용된다. 그리고 디저트에서는 응고나 결착을 위해서는 판상 젤라틴을 주로 사용한다. 코팅 작업을 함에 있어 가장 중요한 것은 기포를 최대한 줄여서 코팅해야 한다. 그러기 위해서는 반드시 은근한 온도에서 중탕을 하지 말고 천천히 끓여 주어야 하며 고운 천을 이용해서 반드시 걸러 준다.

 젤라틴의 강도는 재료에 따라 각각 다르게 사용되어야 한다. 야채를 코팅했을 때 젤라틴 강도가 높은 경우에는 젤라틴의 무게를 이기지 못하고 쓰러지고 만다. 그렇다고 너무 묽게 타면 금방 코팅이 벗겨질 수가 있기 때문에 야채의 경우에는

육류 뷔페 트레이

해산물 뷔페 트레이

슬라이스 겔 정도로 젤라틴을 타서 여러 번의 반복 작업을 거쳐 코팅을 해 주면 야채 자체의 모양을 충분히 살릴 수 있다. 그리고 메인 요리의 경우에는 고강도 겔로 2회 정도 반복을 하면 오랜 시간 동안 형태를 유지시킬 수 있다.

- 아스픽 처리 시 주의사항

  ① 시간을 줄이기 위해 너무 진하게 젤라틴을 타지 말 것
     - 시간이 지나면 코팅이 뒤틀릴 수 있다.
  ② 코팅 처리 시 설탕을 첨가할 경우에는 꼭 위생 장갑을 착용할 것
     - 손에 닿을 경우 체온에 의해 자국이 나타날 수 있다.
  ③ 허브나 야채 가니쉬의 경우에는 코팅 처리를 반복해서 작업할 것
     - 모양과 형태를 오랜 시간 유지하게 위한 방법이다.
  ④ 메인에는 스푼으로 아스픽을 발라줄 것
     - 기포의 생성을 최대한 억제한다.
  ⑤ 코팅 처리 시 젤라틴 온도는 방법에 따라 차이가 있지만 20~25℃ 정도가 알맞다.
     - 젤라틴 온도가 너무 높으면 흘러내려 코팅이 잘되지 않고, 또 너무 차가우면 굳는 성질이 강해져서 코팅 시에 덩어리가 생길 수 있다.

피시 콘소메

꿩과 삼합 테린

●● 접시 코팅 작업

특별한 작품를 위해서 요리 이외에도 접시나 트레이의 바닥에 코팅을 할 수도 있다. 콘소메와 과일 주스 등을 이용하여 새로운 느낌으로 음식을 표현할 수 있는 방법이다. 생각처럼 쉽지 않으므로 섬세한 여러 가지 주의를 요하는 부분이다.

■ 접시 및 트레이 코팅 시에 주의할 점
① 코팅을 하려면 작업대가 반드시 수평이어야 하며 흔들림이 없어야 한다.
② 젤라틴은 은근한 불에 끓여 치즈 크로스에 걸러야 하며 15~20°C의 온도에서 작업을 해야 한다.
③ 접시나 트레이에 젤라틴을 부을 때는 기포 발생을 최소화하기 위해 접시와 최대한 밀착한 상태에서 소창을 받치고 밖에서 스트레이너를 받쳐 부어준다.

●● 요리 작품의 코팅

요리 작품 코팅 시 코스별 요리의 성격에 맞는 아스픽 처리를 해 주어야 한다. 전채요리의 경우에는 신선한 향초와 야채가 많이 사용되므로 전반적인 아스픽 처리 과정에서 노력이 많이 필요하다. 그리고 수프나 생선 요리의 아스픽 처리를 할 때에는 샤프론 주스를 사용하면 더욱 코팅이 돋보인다.

콘소메나 크림수프의 경우에도 자체에 일정한 비율의 젤라틴을 첨가해야 수프 안에 첨가되는 내용물들이 틀을 잡을 수 있다. 수프의 내용물을 굳힌 상태에서 다시 한번 젤라틴 처리를 하면 코팅의 효과를 볼 수 있다.

주 요리인 쇠고기의 경우 커팅이 된 상태에서 작품이 전시되면 보다 화려한 느낌을 줄 수 있다. 이러한 쇠고기의 경우에는 일반적으로 색상을 고려하여 미디움으로 익히는 경우가 많은데 이때 보이는 곳에만 코팅 처리를 하면 핏물이 흘러내려 작품을 망칠수가 있다. 따라서 스테이크 아래 부분까지 반복하여 코팅을 해야 한다.

갈라틴이나 테린의 경우에는 커팅 과정에서 모양을 유지하며 효과를 돋보이게 하려면 말려 있던 랩을 제거하고 위쪽, 아래쪽, 측면 부분까지도 세심하게 코팅 처리를 해 주어야 한다.

●● 가니쉬와 소스 코팅

가니쉬와 소스 코팅은 다른 재료에 비해 면적이 작고 공기에 노출되는 부분이 많기 때문에 주재료에 비해 빨리 마를 수 있으므로 전시 시간에 맞춰 마지막에 작업이 이루어져야 한다.

또 하나하나 코팅을 해야 하므로 개인적으로 작업을 하는 것보다 여러 명이 한 번에 작업을 하면 보다 수월하게 코팅 처리를 마무리 지을 수 있다. 작은 가니쉬를 코팅할 때에는 작업 중에 젤라틴이 굳어 기포가 생길 수 있고, 덩어리질 수 있다.

핵심적인 작업이므로 빠르고 정확해야 한다. 스티로폼이나 무와 같은 것에 칵테일 꼬치로 다양한 가니쉬의 품목을 꽂아 아스픽을 입힌 후에 무나 스티로폼에 꽂아 바로 냉장고에서 굳혀야 한다. 이러한 작업은 여러 번 반복되어야 한다.

소스는 수프와 비슷한 방법으로 처리를 해야 하는데 젤라틴의 강도를 높게 해야만 소스의 색상을 살릴 수 있다. 소스는 작은 스푼을 이용해서 뿌려야 하며 굳은 상태에서 다시 아스픽 처리를 하면 장시간 모양이 유지될 수 있다.

●● 디저트 코팅

판상 젤라틴으로 만들어진 작품들의 코팅은 일반 코팅과 마찬가지로 가루 젤라틴으로 처리해 주어야 한다. 디저트의 경우에는 요리와 다르게 모든 부분에 코팅 처리를 요구하지 않는다. 초콜렛이나 슈 도우가 사용될 경우에는 코팅 처리를 하지 않아도 되므로 주의를 기울여야 한다.

(2) 요리대회를 위한 코팅 처리 기술

요리대회에 참가한 선수마다 각기 다른 코팅 처리 방법을 사용하고 있다. 외국에서는 코팅과 글레이징이라는 말을 혼용하여 사용하며, 교재에 나와 있는 것과는 다른 방법으로 코팅 처리를 하고 있다. 온도 변화에 따라 코팅의 결과가 달라질 수 있으므로 정확한 온도에서 작업을 해야 한다.

■ Recipe 요리대회를 위한 젤라틴

Gelatin 520g , Water 4L, Sugar 90g

① 전문요리용 위생장갑을 껴야 한다.
② 4리터의 물을 15℃에 맞춰놓고 젤라틴 520g을 조심스럽게 섞어준다.
③ 물에 젤라틴 가루를 녹일 때 중탕의 물을 71℃를 유지해야 한다.
④ 코팅이 아스픽의 온도는 32~36℃를 반드시 유지시켜 주어야 한다.
⑤ 믹싱볼에 66℃의 물을 준비하고 깨끗한 냅킨을 여러 장 준비한다.
⑥ 66℃의 물에서 2시간 이상 지나면 광택이 20% 이상 상실된다.
⑦ 66℃의 물에 냅킨을 적셔 물기를 짠 후 작업할 재료들을 아스픽에 담가두었다가 꺼내어 빠르게 냅킨 위에 올려놓는다.
⑧ 접시 위에 옮겨 담는다.

(3) 프리젠테이션을 위한 뷔페플레이트 배치 레이아웃

뷔페플레이트 아이템의 음식 배열은 매우 중요한데 그 이유는 두 가지가 있다.

첫 번째로는 음식의 디스플레이가 된 상태에서는 시각적인 매력을 충분하게 끌수 있다는 것이다. 고객(특히 단골고객)들에게 보다 새로움을 선사할 수 있는 매력 포인트로서 작용할 수 있다. 음식을 집을 다른 손님들이 흐트러지지 않은 상태의 같은 모양으로 된 음식을 집을 수 있게 만들어 주기 위함이다.

가드망제의 조리사는 주방장이나 자신만의 스타일대로 음식을 담을 수 있는데, 아래의 기본적인 플레이트의 배열 방식과 방법을 지켜야 한다.

●● 다양한 재질의 기물 형태

기물의 재료는 작은 형태로 가로 60~90cm의 세라믹, 은쟁반, 스테인리스의 직사각형 플레이트이고, 큰 것은 1.5~3미터의 비치고(크리스털이나 유리거울), 깨지기 쉽고 무거운 직사각형 보드이다.

기물의 형태는 일반적으로 반사가 되는 사각형의 기물을 많이 사용한다. 직사각형(square), 라운드(round), 그리고 타원형(oval), 크리스털이나 아크릴 형태의 기물이 선보이기도 하고 다양한 형태의 타원형 기물들이 있다.

접시의 재질이나 크기, 형태, 음식 종류와의 반응 정도를 적절하게 고려하여 음식을 담아야 한다. 은쟁반 기물은 음식을 담았을 때 매우 고급스럽고 무게감을 느끼게 해 준다. 대리석은 클래식한 기분을 느끼게 해 주며, 스테인리스나 크리스털 기물은 모던하고 캐주얼한 느낌을 준다.

기 물	느 낌
은쟁반(sliver platter)	**엘레강스(elegance)** 엘레강스란 프랑스의 양식미를 말하는 것으로, 세련된 성인 여성의 아름다움을 연상 시킨다. 매우 섬세한 음식이므로, 조리방법은 복잡하지만 T자 배열이나 U자 배열방법을 이용하여 단조롭게 담고 화려한 장식을 한다. 실버에 음식이 비추어지므로 답답해 보일 수 있기 때문에 단조로운 배열 방식을 사용하고 많은 양의 음식을 담지 말아야 한다.
대리석(marble platter)	**클래식(classic)** 클래식이란 영국의 격조 높은 이미지를 연상케 하여 통일감과 조화로운 구성이 특징이고, 고급스런 느낌을 자아내는 이미지이다. 대리석은 질감이 있는 음식을 S자 배열로 담았을 때 맛과 격조있는 이미지를 전해줄 수 있다.
스테인레스(stainless) 크리스털(cristal)	**모던(mordern)** 모던한 방법은 무채류의 색상을 많이 사용하여 시원한 느낌으로 음식을 담아내며 형식을 중요시하지 않는 자유로운 방식으로 담았을 때 잘 어울린다.

●● 음식의 배열 방법

어떤 종류나 크기의 접시 위에 음식 배열의 형태는 균형있게 혹은 비대칭형으로 자신만의 스타일로 표현할 수 있다.

산뜻하고 균형 있게 음식을 담으려면 직선형, 직각형 배열 방법의 형태로 담고, 센터피스는 중앙에 위치해야 음식의 전체적인 균형을 잡아주는 역할을 할 수 있다. 비대칭형으로 담는 경우에는 대각선의 모양이나 곡선의 형태를 이용해야 한다. 센터피스는 중심의 위치에서 벗어나고 배경이 불균형적인 형태로 담아지게

찬 요리 단체 전시 테이블

된다. 이 두 가지 방식을 서로 비교해서 담아야 한다.

● ● **배열의 창작성**

　색상 조화의 인식 정도는 기본적인 학습 과정이다. 이 과정은 오랜 기간 동안의 기타 작업을 통해서 학습할 수 있다. 오랜 수련 기간이 지난 후에 플레이트 배열을 할 수 있는 것이다.

　플레이트의 공간을 채우기 위해서는 음식의 아이템을 선택해야 하고 음식의 형태와 크기와 질감은 음식을 담을 때 선의 흐름을 제공하며 담는 형태의 밑그림을 그릴 수 있게 도움을 준다. 이것은 기본 과정이므로 음식 담는 작업을 하는 조리사의 스타일에 따라 기본적인 배열법을 정한 후에 응용적이며 창작적으로 플레이트 위에 음식을 배열한다.

Food coordinate

02 도자상차림

(1) 도자상차림의 이해

현대적인 한식 상차림에서 도자기, 칠기, 유기, 은기 등이 식기로 선택되고 있으며, 그 중 도자기의 사용이 가장 보편적이다.

이와 같이 도자기를 식기로 한 한식 상차림을 도자상차림이라 한다. 여기서의 도자란 일반적으로 기계적인 방법으로 대량 생산되는 산업 도자기보다는 공방에서 도예가의 수작업으로 제작된 것을 주된 대상으로 하며, 과거 전통 도자기의 형태와 문양을 고수하고 선조들의 제작 기법을 재현하는데 주력하고 있는 전승 도자기보다는 현대적인 창작성과 실용성이 고려된 도자식기를 말한다.

앞으로의 테이블 코디네이트는 서구(西歐)의 식문화에 기초한 서양식 상차림을 소개하고 연출하는 것에서 벗어나, 우리의 생활도자를 식기로 사용하여 다양한 테이블을 연출하는 것에 대한 관심이 요구된다.

(2) 도자상차림에서의 도자기

 80년대 초반까지도 도자기를 식기로 사용하던 가정은 많지 않았고, 강화유리로 제작된 코닝(Corning) 세트 또는 스테인리스 등의 가볍고 견고한 기능적인 식기들이 선호되었다. 여주나 이천 등지의 전통 자기회사들은 대부분 감상용 도자기를 제작하고 있었으며, 일부 업체가 혼수용 전통 반상기를 만들었다.

 이후 소득의 향상과 더불어 식문화의 발전에 따른 식공간의 시각적 다양성이 요구되었고, 도자기 분야, 특히 예술적 감성과 창의성이 어우러진 우리나라의 현대적인 도자식기에 대하여 관심이 고조되었다.

 이러한 도자식기들은 전통 도예에 뿌리를 두고 있지만 새로운 유약과 문양 장식이 시도되거나 성형한 것을 변형시켜 제작되고 있으며, 독창적이고 진취적인 예술성으로 상차림의 전체 분위기를 좌우할 뿐만 아니라 전통적인 한식 상차림의 영역을 넘어서 동서양을 아우르는 다양한 설정과 스타일의 예술적이며 창조적인 테이블 코디네이트를 가능하게 하고 있다.

 토야 테이블웨어 페스티벌을 비롯한 여러 공모전에 최근 수년 동안 출품된 도자상차림에서 사용된 도자기를 유약의 종류에 따라 분류해 보면, 한국 도예의 세 가지 큰 뿌리인 백자, 청자, 분청사기가 과반수를 차지하고 있다. 이외에도 흑유, 진사 등 다양하게 나타나고 있으며, 형태와 문양의 디자인도 극히 일부를 제외하고는 대부분 고식적인 전통 도예에서 벗어나 작가의 독특한 개성이 표현되고 현대적 디자인이 가미되어 있다.

●● 청 자

 한국의 도자 전통을 이야기할 때 빼놓을 수 없는 자랑거리 중의 하나는 고려청자이다. 우아한 형태와 고운 비색, 상감청자(도자기의 표면을 음각으로 조각하여 그 속에 색깔이 다른 점토를 메워 문양을 만드는 장식기법)에서 볼 수 있는 기술력, 이러한 것들은 고려청자의 우수성을 잘 보여준다.

 백자와 청자를 비교한다면, 청자는 표면 균열로 인해 균열 속에 때가 끼는 현상

청자 참외모양 병 (12세기)　　　청자를 이용한 도자상차림

을 피할 수 없고 백자에 비해 강도가 약해서 이가 빠지는 현상이 자주 발생함으로써 일상에 쓰이는 그릇으로서는 백자에 비해 약점을 가진다. 그러나 청자가 지닌 장점도 있다. 청자의 색은 아침과 저녁, 맑은 날과 흐린 날, 물기에 젖어 있을 때와 건조되어 있을 때 각기 다른 느낌을 주는 특별한 매력이 있다.

　청자를 이용해 테이블 세팅을 할 때에는 청자 고유의 단아한 느낌을 살려 다른 그릇을 섞어서 세팅하지 않도록 하는 것이 기품 있는 테이블을 연출하는 포인트이다.

　테이블클로스는 빛깔이 짙은 초록이나 노란색이 도는 베이지색 또는 엷은 산호색이 청자 식기와 어울린다. 소재는 실크나 광택이 있는 천을 사용하면 청자의 우아한 빛깔을 더욱 살릴 수 있다.

　백자가 생활 자기로서의 강도와 청결한 느낌을 주는데 반하여 청자는 우아하고 기품 있는 상차림을 연출할 수 있다. 그 밖에도 청자의 미학적 특징을 잘 활용하면 훨씬 다양한 청자 상차림이 가능할 것이다.

●● 분청사기

우리나라 도자기의 독특한 분야인 분청사기는 청자에 분을 바른 것을 말하며, 조선시대 전기를 대표하는 자기이다. 14세기 고려 후기에 고려시대를 이끌어 오던 불교적인 관념이 유학의 가르침에 따라 현실에 치중하는 사회로 변화하게 된다. 그 전의 청자는 귀족적이며 종교적인 영향으로 실생활에서 사용하기에는 한계를 갖고 있었다.

사회의 변화에 따라 청자도 실생활에 필요한 검소한 것으로 변화했으며 문양이 대범해지고 표현기법도 간략해지기 시작하여 분청자의 모습으로 바뀌게 되었다. 15세기에서 16세기를 거치며 하얗게 분장한 면 위에 다양한 기법이 사용되었다.

분청사기의 표현방식은 익살스러움이 있고 정돈되지 않은 듯 수더분하며, 그 형태와 문양은 자유롭고, 구애받지 않는 분방함, 박진감 넘치는 표현으로 현대적이면서도 가장 한국적인 미의 원형을 간직한, 가장 사랑스럽고 자랑스러운 세계 어느 나라에서도 찾아볼 수 없는 문화유산으로 자리를 잡게 되었다.

분청사기 넝쿨무늬 항아리(15세기 후반~16세기)

분청사기 도자상차림

이후 임진왜란으로 인한 도공과 가마의 상실, 사회적 변화를 거치며 점차 백자화(白子化)되어 가며 소멸되었다.

분청사기는 고유 색감이 갈색 혹은 회색으로, 우리 눈에 매우 익숙한 흙색에 가까운 색상으로 자연친화적인 성향을 추구하는 현대인들의 기호에 적합한 색상이다. 또한 우리 도자기 중에서 가장 소박하고 민예적(民藝的) 성격을 띠고 있어서, 내추럴한 분위기의 상차림 연출에 적합하다. 장식기법(도자기의 형태를 빚는 중간이나 그 이후에 작품의 표면에 문양을 새기거나 그림을 그려 장식하는 것)에 따라서 매우 고급스러운 느낌을 주기 때문에 고전적인 상차림에도 적용할 수 있다.

●● 백 자

조선백자는 15세기 말엽부터 본격적인 생산이 시작되었다. 처음에는 왕실을 중심으로 은기(銀器)를 대신하여 백자를 사용하게 되었는데, 청자나 분청사기에 비해 깨끗하고 견고하여 실용적이었으므로 조선의 도자 문화가 백자 중심으로 변화된 것은 시의적절하였다. 왕실의 권위를 드러내는 상징물이면서도 조선시대 누구나 사용한 생활필수품이었다는 점에서 알 수 있듯

백자 구름 용무늬 항아리 (18세기 후반)

백자 도자상차림

이, 백자는 엄정한 선과 절제된 색상으로 표현될 수 있는 고전적이며 단아한 아름다움만이 아니라 내구성과 실용성을 겸비한 일상의 편한 그릇으로의 소박하고 서민적인 면을 가지고 있다.

백자와 같은 흰 그릇은 모든 색을 무난하게 소화하므로 일단 어떤 요리든지 담기만 하면 세련되고 산뜻한 분위기를 연출할 수 있다. 여러 가지 재료가 들어가 색이 복잡한 요리를 담으면 분위기가 정돈되어 보이고, 단순한 음식을 담아도 그릇의 깔끔하고 청결한 느낌을 연출할 수 있다. 또한 백자를 사용한 테이블 연출에 있어서는 백자라는 특성보다는 조형성과 문양에서 나타나는 이미지에 따라 매우 다양한 연출이 가능하다.

백자는 흰색의 식기를 가장 선호하는 우리 국민들의 인식을 말하지 않더라도 음식과의 어울림과 다양한 상차림 연출이 가능한 점 등으로 도자상차림에 있어서 가장 많이 애용되고 있다. 백자의 단순함이 오히려 모던함으로까지 보이기도 하여 현대에 이르러서도 계속하여 대중의 사랑을 받고 있다.

(3) 도자상차림의 실제

한식 상차림에서의 식기의 시각적 비중은 서양 테이블에서보다 더 절대적이다 할 수 있다. 그 이유는 전통적으로 우리나라의 도자기 문화가 일찍부터 발달하였고, 린넨, 커틀러리, 글라스웨어 등의 사용이 단순하였거나 제한적이었으며, 불교 및 유교의 전통에 따라 과도한 장식을 피하려는 경향 때문으로 보인다.

그러나 현대적인 도자상차림에서는 이에 크게 구애받지 않고 다양한 시도를 해 보는 것이 바람직하다.

도자상차림의 시각적 이미지를 서양 테이블에서와 같이 클래식, 엘레강스, 모던, 캐주얼, 에스닉, 젠, 내추럴 등의 분류를 적용하는 것은 여러 가지 어려움이 있다. 서양인의 관점에서 본다면 한국적 이미지의 상차림은 모두 에스닉 스타일이라 할 것이기 때문이다.

따라서 아래 예시한 월간 도예 '우리 도예문화의 대중화 및 세계화'의 창간 이념을 바탕으로 1996년 4월 창간된 국내 유일의 도예 전문지에 게재되었던 도자상차림들은 서양 테이블에서의 이미지 분류로 나누지 않고, 설문조사의 결과 얻어진 주된 이미지를 제시하여 각각의 상차림을 일반인들이 어떠한 느낌으로 받아들이는지 알아보았다.

●● 첫 번째 상차림

연잎을 닮은 백자 도자식기는 현대적인 조형 감각이 더해져 단아하게 느껴지고, 새해 첫날 아침 정성이 담긴 떡국 상차림에는 안성맞춤인 듯하였다. 우리 전통 오방색을 사용하기 위하여 산적과 색색의 경단을 상 위에 올렸다. 소반의 분위기를 주는 테이블 매트를 사용하였고, 식탁화로는 새해의 새로운 희망과 행운이 깃들길 기원하는 마음으로 사철 푸른 편백나무를 선택하였다. 이 도자상차림은 '고급스러운', '귀족적인', '고운', '깔끔한' 이미지의 상차림으로 설문조사 결과 나타났다.

새해 첫날 아침

●● 두 번째 상차림

 이 상차림에서는 기하학적이고 단순한 형태의 식기를 모던하면서 조형적인 요소로 테이블에서 다양하게 활용하였다. 흑백의 무채색과 단순한 선이 돋보이는 도자식기들로 모던한 스타일의 파티 테이블 이미지를 연출하였다. 크리스마스를 상징하는 나무 모형과 소금으로 겨울 눈(雪)을 이미지화 하였고, 경쾌하고 즐거운 느낌을 주기 위하여 작은 집 모형, 장난감 주사위 등으로 동화적 분위기를 느낄 수 있도록 하였다. '현대적인' 이미지를 주는 상차림으로 설문조사 되었다.

설국(雪國)으로의 초대

●● 세 번째 상차림

원색적인 색상, 광택이 강한 표면, 자유로운 형태, 단순하고 상징적인 이미지로 캐주얼한 느낌을 주는 도자식기를 선택하였다. 식기의 형태도 어린아이의 미숙한 손으로 빚어낸 것처럼 단순하지만, 풍부한 원색의 배치와 호기심을 자극하는 동화적인 형상들은 어린아이들 못지않게 젊은이들의 취향과 잘 맞을 듯 싶어 어른아이(kidult)들을 위한 뷔페상차림으로 꾸며 보았다. 설문조사에서는 '귀여운', '컬러풀한' 이미지를 주는 것으로 나타났다.

어른아이(kidult)의 여름방학

●● **네 번째 상차림**

  청자유, 시노유(일본의 도예기법으로 시노유는 장석유의 일종으로 적갈색을 내는 유약), 분청유 등을 사용하여 제작된 도자식기들은 가을 분위기와 잘 어울렸다. 오랜 세월 동안 뜰에서 비바람에 바래진 원목 테이블의 질감을 그대로 살려 내추럴한 분위기의 테이블을 연출하였다. 손으로 각을 낸 화병에 들국화를 꽂아 가을의 계절감을 표현하였다. '자연친화적인', '낭만적인', '강렬한' 이미지를 주는 것으로 설문조사에서 나타났다.

여름을 뒤로 하고

●● 다섯 번째 상차림

　상큼하기도 하고 고전적이기도 한 이 도자상차림은 계절을 느낄 수 있도록 전체적인 색조를 진갈색으로 연출하였고, 밤송이와 솔방울로 장식하였다. 분청 위로 나뭇잎이 동동 떠 있는 듯 찬합이 눈길을 끈다. 이 상차림은 설문조사에서는 '자연스러운' '부드러운' 이미지로 나타났다.

가을의 향취

이렇듯 도자상차림에서의 식기의 역할은 절대적이다. 이러한 독창적이고 진취적인 느낌의 도자식기들은 테이블의 전체 분위기를 좌우할 뿐 아니라 예술적이며 창조적인 테이블 연출을 가능하게 하고 있다.

테이블 코디네이트에 대한 연출 기법들은 보편적으로 서양 식기를 사용한 서양식 상차림에서 유래하고 있고, 저술들도 서양 테이블과 관련된 분야에 치우쳐 있기 때문에, 우리의 현대적인 도자식기들을 사용한 도자상차림에 대한 보다 다양한 시도와 연구가 필요하며, 훌륭한 도자상차림을 연출하기 위해서는 도예 기초이론에 대한 이해를 넓히는 것이 바람직하다.

반면 테이블 코디네이트 역시 테이블에서의 도자식기의 쓰임새를 멋스럽게 연출하는 과정을 통하여 생동감을 부여하고 그 가치를 더할 수 있도록 한다. 이는 도예 전공자들의 테이블 코디네이트에 대한 이해가 필요한 충분한 이유가 될 것이다.

또한 그렇게 함으로써 한식 상차림에서 사용되는 도자기 제작의 범주에서 벗어나 서양식 테이블 세팅에 있어서도 사용될 수 있는 탈한국적(脫韓國的) 도자기 설계가 가능할 것이다.

서양 요리는 양식기로 먹어야 한다는 관념을 깨고 우리 정서가 깃든 투박한 플레이트 위에 스테이크를 올리는 것이 이제 아주 생소하지는 않다.

(4) 공모전 및 전시상차림

광개토대왕과 승리의 축배
(2004년 제1회 토야테이블웨어 공모전)

헨젤과 그레텔 (2003년 Table Setting Festival : Food Channel 주최)

2005년 오아시스 플로리스트 스쿨 작품전

2003년 숙명여대 디자인대학원 졸업전시회

2003년 '테마가 있는 테이블'展 (인사아트센터)

2005년 제2회 대한민국 향토식문화대전

2007년 경기대학교 대학원 식공간연출 졸업전

Food coordinate

03 포트폴리오 (portfolio)

(1) 포트폴리오의 개념

●● 포트폴리오란?

포트폴리오에 대한 사전적 의미는 서류가방, 서류철을 뜻하며, 디자이너의 작품 중 최고의 것을 골라, 디자이너로서의 흥미와 재능, 그리고 그러한 흥미와 재능이 교육과 직장 경력을 통해 성장되었음을 보여주기 위해 정리해 놓은 모음집을 말한다.

포트폴리오는 디자이너나 순수미술가에게 있어 짧은 시간에 자신을 잘 알리는 유용한 커뮤니케이션 도구이다. 특히 디자이너는 포트폴리오를 통해 평가받는다는 점을 감안한다면, 결코 가볍게 여길 수는 없다.

●● 포트폴리오의 본질

① 포트폴리오는 미디어이자 전략이다.

잘 구성된 포트폴리오는 진학과 취업의 당락에 큰 영향은 줌은 물론이고, 취업 이후에도 고용주나 고객이 될 수 있는 사람들에게 자신을 부각시킬 수 있는 도구

로 제시되어야 하므로 즉각적이고 극적인 효과를 발휘할 수 있어야 한다.

② 포트폴리오 역시 디자인 작업과 다를 바 없다.

디자이너로서의 자신의 작품에 대한 철학과 발상법, 또 자기 개인만의 독특한 아이디어 발상 프로세스, 향후의 발전 가능성들이 한눈에 보일 수 있도록 일목요연하게 만드는 것이 중요하며, 포트폴리오를 통하여 개인의 디자인 성향과 아이덴티티가 느껴질 수 있도록 구성하는 것이 중요하다.

③ 작품이 중심이다.

경력을 준비하기 시작할 때부터 자신의 작품을 기록하는 습관이 필요하고, 작품 기록을 적절히 보존하기 위하여 사진기법을 습득하여야 한다. 포트폴리오 제작에 대한 디자인적 고민을 너무 많이 하여 본질과 형식이 전도되는 오류를 범하기 쉽다. 주인공을 돋보이기 위한 조연의 역할처럼, 작품들을 위한 포트폴리오 디자인과 구성이 필요하다.

●● 용도에 따른 포트폴리오의 종류

① 개인 자료집용

최근 디자이너들은 자신의 포트폴리오를 웹사이트 기반으로 전시하고 커뮤니티 형태로 운영하는 경우가 많다. 이 경우 지속적인 홍보가 될 뿐만 아니라, 커뮤니티가 갖는 지속적인 실시간 반응을 얻을 수 있다. 이러한 웹 기반의 포트폴리오는 이미 현재의 트렌드이고 앞으로도 계속 진화할 것이다.

② 취업용

다양한 회사의 특성대로 저마다 디자이너에게 요구하거나 강조하는 능력은 조금씩 차이가 있다.

③ 유학 및 진학용

진학의 형태는 크게 유학과 국내 대학원으로 나눠볼 수 있다. 유학의 경우, 학교에 따라 사진파일을 수록한 CD, 35mm 슬라이드, 또는 프린트 형식의 전통적인 포트폴리오 등을 제출하게 되며 인터넷으로 전송하는 경우도 있다. 포트폴리오 프레젠테이션이 요구되기도 한다. 국내에서 대학원을 진학할 경우도 비슷하다. 목표하는 각 대학별 특성을 파악하고, 자신이 연구할 분야에 적합한 작품이나 연구계획서를 철저히 준비하여야 한다.

④ 사업 홍보용

클라이언트에게 믿음과 신뢰를 줄 수 있는 작품과 구성이 필요하다. 개인자료집과 다른 점이 있다면, 보다 프레젠테이션과 상담을 위한 기획이 중시되고 반영된다는 점이다.

(2) 포트폴리오에 포함될 내용과 구성

작품의 보존

포트폴리오 준비에 있어서 첫 번째 원칙은 각자의 초기 작품을 포함한 모든 작품을 여러 관점에서 촬영하여 작품을 보존해 두는 습관을 가지도록 한다. 향후 몇 년 후의 포트폴리오에서 무엇이 중요할지 당장은 판단할 수 없다. 가능하면 고해상도로 촬영하고 촬영일시가 사진에 남지 않도록 유의하여야 한다. 사진 작업을 전문가에게 의뢰했다 해도 사진에 대한 작업 지식은 모든 디자인 관련 학생에게 필수적인 것이며, 전문과정을 시작한 이후에는 되도록 빨리 배워서 스스로 자신의 작품을 촬영할 수 있도록 한다. 기초 사진 강좌를 적극 권장하며, 가능하면 고급과정까지 습득하는 것이 좋다.

작품을 구상할 때 작성했던 스케치 및 이미지 보드(image board)를 보존하는 것도 염두에 두어야 한다. 이러한 예비 드로잉은 문제 해결의 능력과 과정을 보여주는 것으로, 단지 완성된 작품만 보여주는 포트폴리오보다 높게 평가받기도 한다.

포트폴리오의 목표 설정

포트폴리오에 포함될 내용들은 취업이나 진학과 같은 포트폴리오의 목적과 대상에 따라 달라진다. 일반적으로 대학원 진학을 위한 지원 준비로 사용될 포트폴리오는 다양한 관심사와 성향을 광범위하게 보여주어야 한다. 반면에, 공모전에 출품하기 위하여 디자인된 포트폴리오는 그 초점을 좁혀야 할 것이다.

●● 포트폴리오 구성 선별

　일단 목표를 설정했으면 다음은 작품을 선정하고, 포함시키기 적합하다고 판단된 작품을 예비행위 순서로 나열하게 되는 과정이 필요하다.

　제일 먼저 본인이 갖고 있는 작품 중에 아주 잘된 것, 잘된 것, 보통인 것, 잘못한 것으로 분류하여 그 중에 잘못한 작품은 포트폴리오에서 제외한다. 그 다음 잘된 작품을 골라 포트폴리오 앞과 맨 뒤쪽에 넣으며, 보통인 것은 중간에 배치한다. 마지막 인상은 첫인상만큼이나 중요하다. 작품의 양에 따라 공부하는 분야의 분류를 나누어도 좋다.

　포트폴리오 구성의 가장 일반적인 실수 요인 중 하나가 중간 수준의 작품을 양적으로 너무 많이 수록하는 것이다. 작품 수는 10종류에서 20종류 미만으로 하는 것이 제일 적당하며, 너무 많은 분량의 큰 포트폴리오는 심사위원들이 전부 보지도 않고 넘겨버릴 수 있다. 포트폴리오를 제출하는 사람은 공간의 한계를 가지고 있고 포트폴리오를 보고 판단할 사람은 시간의 한계를 가지고 있기 때문에, 전달하고자 하는 것을 빠르고 분명하게 전할 수 있도록 해야 한다.

　어떠한 종류의 예비 행위도 없이 모든 세부사항들을 맞추어 나가는 것은 위험한 일이다. 스토리 보드 형식 위에 단어와 간단한 스케치로 대략적인 프로젝트의 과정(예 졸업작품전, 공모전 등등)과 특이한 이미지를 표현해 보도록 한다.

　구성 선별 과정에서 어떠한 본문 자료를 포함시킬 것인지도 기록한다. 즉, 제목 표지, 목차, 디자인 설명, 찾아보기 등이 이에 해당한다. 포트폴리오가 진학이나 취업을 위한 경우에는 이력서를 첨부한다.

●● 이력서 및 자기소개서

　포트폴리오 작업 중에서 중요한 작업 중 하나가 이력서이다. 이력서는 본인이 보여주려고 하는 작업들을 문서화하는 작업이다. 이력서 하나에도 디자이너의 감성과 가능성이 반영되기 때문에 디자이너다운 프로필 사진과 이력서를 준비한다.

이력서는 대체로 한두 페이지 정도면 적당하다. 면접 담당자가 작품을 보기 전에 그 작품을 만든 사람의 배경에 대해 개략적으로 알 수 있도록 배려하기 위하여, 이력서는 보통 포트폴리오의 맨 앞부분에 두는 것이 좋다. 학력 및 실무경력, 수상경력, 저서 및 논문 등을 제시하여 그 동안의 작업 경험과 전문가로서의 업적을 강조하는 것이 중요하다. 간단명료하면서 솔직하게 작성하여야 하며 연락처를 명기한다.

자기소개서는 이력서의 내용에 포함되지 못하는 부분에 대하여 면접의 기초 자료로 활용되어진다. 성장 과정, 지원 동기, 성격의 장단점, 장래 희망과 포부 등을 기술하게 되는데, 이를 통하여 지원자의 가치관, 대인관계나 조직적응력, 성실성, 책임감, 창의성, 장래성 등을 가늠해 볼 수 있다. 진부하거나 부정적인 내용은 배제하도록 하고 지나친 장식과 현란한 언어의 사용은 피한다.

명함은 자신의 얼굴이므로 독창적이고 창의적인 명함을 제작하는 사람들이 많아졌다. 일반적으로 자기소개서에 사용되었던 형식과 색채 이미지를 준수하는 것이 좋다.

●● 보도 기사 스크랩

개인이나 업체 모두, 자신 또는 작업물에 대한 언론 보도자료가 생기면 이를 스크랩하여 포트폴리오에 반영하도록 함으로써 공신력 제고의 효과를 기대할 수 있다.

(3) 포트폴리오의 제작

●● 포트폴리오의 크기와 용지의 방향

대부분의 포트폴리오는 A4, A3 등과 같은 표준 크기의 보드(board)를 선택한다. 정사각형과 같은 비표준형 크기의 종이를 선택하여 차별화를 시도할 수 있으나 종이를 직접 잘라야 하고, 바인더 박스, 케이스를 수작업으로 만들어야 하는 등의 노력이 요구될 수 있다. 여러 과정의 일부분이라도 수작업으로 제작하는 것은 창조적인 실험을 할 수 있는 좋은 기회임과 동시에 실패할 기회도 준다. 특히 내구성에 대한 세심한 배려가 필요하다.

하나의 포트폴리오 안에서 용지의 방향을 가로와 세로로 혼용하지 않도록 한다. 이러한 경우 심사위원은 포트폴리오를 읽기 위해 이리저리 돌려 보아야 하는 수고를 반복해야 한다.

●● 재 질

포트폴리오의 콘셉트에 맞는 재질을 적용하여 제작한다. 자신의 개성을 살릴 수 있고 콘셉트에 어울리는 종이나 천, 끈, 보드지 등의 질감을 살린다. 작품과 어울리고, 만지고 보는 등의 오감을 통해 작품과 포트폴리오의 가치와 존재감을 보다 강렬하게 전달할 수 있다.

●● 폰 트

화려한 서체보다는 심플하면서도 가독성이 높은 서체를 고르며, 필기체보다는 정체를 쓰는 것이 좋다.

●● 레이아웃

포트폴리오 디자인은 시각적 전달 효과를 높이는 것이 목적이므로 시선을 집중시킬 수 있도록 보기에도 아름답고 깨끗하게 제작되어야 한다. 아울러 작품들은 서로 보이지 않는 끈으로 연결되듯이 통일성을 가져야 하며 작품을 따라 시선이 이동하도록 해야 한다.

일반적으로 레이아웃은 단순하게, 말은 적게, 여백은 많이 있는 것이 선호된다. 연속성과 통일성이 있어야 하고 작품의 특성에 맞게 활자체, 구도를 정하였으면 자주 변경하지 말고 지속적으로 유지시켜야 한다. 반면에 레이아웃의 부조화가 주는 신선한 변화도 무시할 수는 없다.

마감 처리 방식

① **보드형 포트폴리오** : 묶이지 않은 낱장의 보드들을 케이스 안에 넣는 방법으로, 순서가 흐트러질 수 있으므로 페이지 번호를 확실히 매겨두어야 한다. 재배열하기는 쉬우나 보드의 한쪽 면만을 이용하므로 상대적으로 비용이 많이 든다.

② **바인드형 포트폴리오** : 다양한 방법의 바인딩 방법(wire coil, three-ring, double-coil 등)이 사용된다. 보드지의 양쪽 면을 모두 사용할 수 있다. 링 바인더는 재배열이 쉽다. 클리어파일, 바인더, 앨범, 스케치북 등의 시판되는 제품을 사용하기도 한다.

보드형 포트폴리오

바인드형 포트폴리오

참고문헌

1. 국내 문헌

김경미 외, 『푸드스타일링』, 교문사, 2005
김경미 외, 『color & food styling』, 교문사, 2006
김선희, 『푸드스타일링의 이론과 실제』, 대왕사, 2007
김진숙, 『테이블 코디네이트』, 백산, 2008
김진숙, 『파티플래닝』, 교문사, 2007
박란숙 외, 『파티만들기』, 수학사, 2007
박종훈, 『청자의 개발과 활용』, 월간도예, 7월호, 2006
서민석, 『커트러리 아트』, 효일출판사, 2007
식공간연구회, 『푸드코디네이트』, 교문사, 2005
신지혜 외, 『디자이너를 완성하는 포트폴리오』, 영진닷컴, 2003
정현숙 외, 『푸드비즈니스와 푸드코디네이터』, 수학사, 2007
이승재 외, 『푸드스타일링』, 백산, 2008
이정숙, 『포트폴리오 만들기』, 대우출판사, 2008
이재만, 『컬러배색코디네이션』, 일진사, 2007
왕경희, 『테이블 스타일링 & 플라워』, 예신북스, 2008
장기훈, 『청자의 재조명』, 월간도예, 7월호, 2006
조은정, 『테이블 코디네이션』, 도서출판 국제, 2005
최지아 외, 『테이블 스타일링』, 형설출판사, 2005
최혜림, 『우리나라 도자식기 디자인의 문제점과 한계』, 월간세라믹스, 2월호, 2002
채수명, 『색채심리마케팅』, 도서출판 국제, 2002
황규선, 『식공간연출가 황규선의 아름다운 식탁』, 중앙 M&B, 2002
황규선, 『테이블 디자인』, 교문사, 2007
황지희 등, 『푸드코디네이터학』, 효일, 2000
해럴드 린턴, 김경숙 옮김, 『포트폴리오 디자인』, 기문당, 2002
호텔신라서비스교육센터, 『현대인을 위한 국제 매너』, 1994
IRI 색채연구소, 『Color Combination』, 영진닷컴, 2003

2. 외국 문헌

Chris Bryant & Paige Gilchrist, 『The New Book of Table Setting』, Lark Books, 2001
Emily Chalmers, 『Table Inspirations』, Ryland Peters & Small, Inc., 2001

Peri Wolfman & Charles Gold, 『The Perfect Setting』, Harry N. Abrams, Inc., 2000

3. 연구 논문
김명란, 『韓國과 日本의 食文化 비교에 의한 우리나라 陶瓷食器 디자인 考察』, 수원대학교 논문집, 8, 1990
송원경, 『메뉴북에서의 푸드 스타일링 중요도 연구』, 경기대학교 관광대학원, 2006
이정미 외, 『도자상차림의 시각적 이미지에 관한 연구』, 식공간연구 제2권 1호, 2007
한국식공간학회지, 제1권 제1호, 2006년 10월
허정, 『주요리에 따른 접시별 이미지 분석』, 경기대학교, 2006
홍종숙, 『도자식기를 위한 테이블코디네이션 연구』, 서울산업대 산업대학원 석사학위청구논문, 2002

4. 웹사이트
www.foodphoto.co.kr
www.nado.co.kr
www.yjcook.co.kr
http://foodcodi.or.kr/board/
www.cfci.co.kr
www.lacuisine.co.kr
www.livingculture.co.kr
www.kanghongjoon.co.kr
www.ofoodart.com
www.sfca.co.kr
www.yfa.co.kr
www.fnckorea.com
www.clubfriends.co.kr
http://blog.naver.com/spacedive?Redirect=Log&logNo=110029963643 포도품종 사진
http://ichontour.com (이천 전통 도자기 체험)

식공간 디자인

2009년 3월 15일 1판 1쇄
2024년 2월 25일 1판 4쇄

저자 : 송원경 · 이정미 · 허정
펴낸이 : 이정일

펴낸곳 : 도서출판 일진사
www.iljinsa.com

(우) 04317 서울시 용산구 효창원로 64길 6
대표전화 : 704-1616, 팩스 : 715-3536
이메일 : webmaster@iljinsa.com
등록번호 : 제1979-000009호(1979.4.2)

값 24,000원

ISBN : 978-89-429-1097-7

* 이 책에 실린 글이나 사진은 문서에 의한 출판사의
동의 없이 무단 전재 · 복제를 금합니다.

Food coordinate